AF590531

VIE

DU GÉNÉRAL

DAUMESNIL,

SURNOMMÉ

LA JAMBE-DE-BOIS DE VINCENNES.

PARIS.

IMPRIMERIE DE P. DUPONT ET GAUTHIER-LAGUIONIE,

RUE DE GRENELLE SAINT-HONORÉ, N° 55.

1834.

Mon refus servira d'exemple à mes enfans.

VIE

DU GÉNÉRAL

DAUMESNIL,

SURNOMMÉ

LA JAMBE-DE-BOIS DE VINCENNES.

De toutes les gloires françaises dont la tradition s'est conservée dans notre mémoire, aucune n'est restée plus populaire que celle du vaillant et incorruptible Daumesnil, auquel l'affection du peuple a donné le surnom de *la Jambe-de-Bois de Vincennes*. C'est donc sous la dictée du peuple que nous écrivons la légende de ce général, qu'une mort prématurée a privé de recueillir le prix de ses vertus civiles et militaires.

Pierre DAUMESNIL, né à Périgueux en 1776, était fils d'un ancien capitaine de cavalerie, devenu négociant. Par son âge, il appartenait à cette génération qui a fourni tant de soldats à la patrie; et, par sa famille, à cette classe qui fit notre immortelle révolution, et sut en défendre les principes contre l'Europe entière. A peine âgé de quinze ans, et encore au collége, il fut gravement insulté par un soldat d'artillerie, qui le prenait sans doute pour un enfant; il l'appela en duel, et l'étendit mort. L'enfant se trouva un homme; et, s'enfuyant du collége, il partit pour Toulouse, où il s'engagea dans le 22e régiment de chasseurs à cheval qui faisait partie de l'armée des Pyrénées-Orientales. Il fit la première campagne d'Espagne, prit part à toutes les affaires, jusqu'au combat du 19 août, à Delne; et là, il fut si grièvement blessé à la cuisse, par une balle, qu'on fut forcé de le transporter en France, où l'on désespéra de sa vie. Quelques mois après, il était en Italie, exposé à de nouveaux dangers, les bravant avec cette gaîté, cette insouciance qui ne l'abandonnèrent jamais.

La place de Daumesnil était dans les guides, ce régiment des braves parmi les braves : déjà connu et distingué par le général Bonaparte, il partit pour l'expédition d'Égypte. Ce fut là que, dans plusieurs circonstances mémorables, il acquit des droits à l'admiration de l'armée et à la reconnaissance de l'homme du siècle. A Aboukir, il s'empara de l'étendard du Capitan-pacha; trophée arraché tout à la fois au courage opiniâtre des Mamelucks et au fanatisme des Arabes. On cite aussi ce trait de Daumesnil : Bonaparte était debout sur une pièce de canon, pour mieux observer l'ennemi; Daumesnil, s'apercevant que cette pièce était sous le feu d'une batterie, ose saisir le général et le poser à terre. Quelques instans après, un officier d'artillerie fut tué par un boulet à la même place.

Au siége de Saint-Jean-d'Acre, il monte le premier à l'assaut; et, précipité du haut des remparts au fond du fossé, par l'explosion d'une mine, il reçoit, au pied des murs écroulés, un des premiers sabres d'honneur décernés à l'armée. Là, se trouvant près de Bonaparte, occupé d'une reconnaissance, il s'aperçoit qu'un obus va éclater et mettre le général en pièces. Il se précipite, guidé par une pensée aussi rapide que le projectile même; couvre Bonaparte de son corps, l'étreint de ses bras, et, tous deux, comme par miracle, échappent à une catastrophe qui paraissait inévitable. « *Quel soldat !* » s'écrie Bonaparte, en le montrant à son État-major.

Daumesnil passa en Italie avec son régiment. Déjà connu de toute l'armée, il avait acquis tous ses grades à la pointe de l'épée. Il unissait au plus brillant courage, et cet élan qui est dans notre caractère, et cette gaîté vive qui nous va si bien. Au passage d'un pont, en Italie, rencontrant des fourgons pleins d'or que l'ennemi avait renversés pour obstruer le chemin et échapper à la poursuite de nos troupes, il disait à quelques soldats qui essayaient de saisir au vol les pièces d'or jaillissant sous le piétinement des chevaux : « Allons, camarades, en avant ! « et ne prenons pas garde aux éclabous- « sures. » Ces paroles annonçaient assez que celui qui les prononçait ne se laisserait jamais corrompre par l'or de l'étranger.

Bonaparte, qui joignait l'intrépidité du soldat au génie du grand capitaine, savait donner lui-même l'exemple de cette gaîté toute française qui n'ôte rien au sang-froid. Un jour, aux avant-postes : « Viens « ici, dit-il à Daumesnil. Je sais ton « épaule solide. » Et, appuyant sa lunette d'approche sur ce nouveau chevalet, il observa la position et les mouvemens de l'ennemi. Une balle brise la lunette : « Ils « croient, sans doute, que nous sommes « au Palais-Royal, à Paris, pour en avoir « une autre, » dit Bonaparte en souriant.

Daumesnil, après avoir fait toutes les

campagnes depuis l'an 2, tant à l'armée des Pyrénées-Orientales qu'en Égypte et en Italie; après avoir assisté aux batailles de Marengo, Iéna, Eylau, Friedland, Eckmull, fit encore les campagnes d'Espagne de 1807 et 1808. Il était alors chef-d'escadron dans les chasseurs de la garde, ancien régiment des guides, et se trouvait à Madrid à l'époque de l'insurrection du 2 mai. Dans cette journée terrible, on le vit se porter, à la tête de son escadron, sur les points où le danger lui parut le plus grand. Deux chevaux furent tués sous lui. Bientôt après, il fut nommé colonel des chasseurs de la garde, et appelé, en 1809, avec son régiment, à la grande armée qui marchait sur l'Allemagne.

Daumesnil, colonel à trente-deux ans de l'un des plus brillans régimens de la garde, était lui-même un des officiers les plus remarquables de l'armée. Jeune, beau, connu par une intrépidité toute française, il jouissait de la confiance illimitée de l'Empereur. Il reçut, dans la campagne d'Autriche, plusieurs missions dont il s'acquitta avec intelligence et avec la célérité qu'exigeait Napoléon, qui, comme César, connaissait tout le prix du temps. On sait que la garde impériale eut la plus décisive influence sur le succès de la grande journée de Wagram. Le régiment de chasseurs chargea, le brave Daumesnil en tête. Un boulet, qui lui fracassa la jambe, l'arrêta dans sa brillante carrière. Daumesnil tomba.... mais il tomba vainqueur à Wagram, à la tête de la garde, sous les yeux de l'Empereur!

Amputé deux fois, sa jeunesse le sauva. C'était cependant sa vingt-troisième blessure : il l'avait reçue, à peine guéri d'un coup de lance qui lui avait percé le corps. Lui et son camarade Corbineau logeaient ensemble à Vienne, au palais d'Estherasy, où ils habitaient la même chambre. C'était jour de fête : celle de Napoléon peut-être, ou du moins l'anniversaire de quelque victoire. On avait illuminé la ville, tous les gens de service étaient sortis. Tout à coup, Daumesnil entend un bruit sourd, semblable à celui de gouttes d'eau tombant sur un parquet. Il appelle Corbineau, ne reçoit aucune réponse, s'étonne, s'alarme, se laisse glisser de son lit, et se traîne jusqu'à celui de son camarade, qu'il trouve évanoui et baigné dans son sang. Alors, s'oubliant lui-même, Daumesnil atteint la rampe de l'escalier, s'y attache d'une main pour descendre chaque marche ; et, parvenu, avec des souffrances inouïes, au bas des deux étages qu'il avait eu à parcourir, il appelle, d'une voix terrible, les secours qui étaient devenus aussi nécessaires à lui-même qu'au malheureux Corbineau. « *Quel soldat !* » avons-nous dit avec Bonaparte à Saint-Jean-d'Acre. « *Quel* « *ami !* ajoutons-nous; quelle ame géné- « reuse ! »

Jusqu'aux puérilités de cette vie héroïque viennent manifester une ame la plus naïvement grande, peut-être, qui se soit rencontrée dans nos derniers temps. Entre deux pansemens, il avait dessiné sur le rond de sa cuisse coupée une figure d'enfant, et, se jouant de ce débris glorieux, il avait emmaillotté, coiffé bizarrement tout cela, quand le prince Berthier vint, de la part de l'Empereur, s'informer de ses nouvelles. « Vous direz à Sa Majesté, « répond Daumesnil, que la mère et

« l'enfant se portent bien. » Le maréchal, qui avait gagné une principauté à la journée où Daumesnil avait perdu sa jambe, ne put retenir un sourire et une larme. Comment s'étonner qu'un homme pareil à Daumesnil soit devenu populaire! N'avait-il pas ce qu'il faut pour se faire aimer, admirer d'une armée et d'un peuple?

En 1812, Daumesnil fut nommé général de brigade, et, bientôt après, appelé au gouvernement de Vincennes, créé pour lui.

L'Empereur avait fait de Vincennes le dépôt central du matériel de la guerre. Cette place, qui n'est rien en temps de paix, avait alors une haute importance. On y fabriqua, en 1812, 1813, 1814 et 1815, 350,000 cartouches d'infanterie et 40,000 gargousses par jour. On y vit arriver jusqu'à 150 voitures de poudre en une seule journée. En 1814, le matériel qu'elle contenait a été estimé 90 millions. Aussi, quand l'Empereur partit pour la campagne de Russie : « J'ai besoin d'un « homme sur lequel je puisse compter, « dit-il; et j'ai songé à vous, Daumesnil: « c'est de Vincennes que doivent partir « le matériel et les munitions nécessaires « à mes armées. »

Daumesnil ne trahira pas cette confiance. L'Europe est en armes devant Paris; le Trône, l'Empire sont renversés; une forêt de baïonnettes étrangères couvre le pays frémissant : où donc est la France? quel coin de terre restera vierge? où la nationalité trouvera-t-elle un sanctuaire? A Vincennes. C'est là, c'est dans cette bicoque, dont le meilleur rempart est la poitrine de son commandant, que se réfugiera l'honneur de la France.

Daumesnil n'avait, cette fois, qu'une faible garnison, composée en grande partie de recrues. Quelques soldats, effrayés de la résolution de leur général, et, craignant qu'à la dernière extrémité, comme il l'avait répondu aux commissaires étrangers, il ne fît sauter la place plutôt que de la rendre, murmuraient contre cette opiniâtreté qui surpassait leur courage. L'un d'eux, même, avait osé l'ajuster; mais l'arme avait été détournée par une cantinière. Daumesnil rassemble la garnison; puis, prenant chaque soldat à part, il lui demande vivement s'il peut compter sur lui. « Général, répond le plus grand nom-« bre, nous nous ensevelirons avec vous « sous les débris de Vincennes. Vive *la « Jambe-de-Bois!* » Quelques uns hésitent : Daumesnil les dépouille de leur uniforme, et les chasse de la place, en les faisant sortir par une poterne qui fut murée aussitôt après.

Nous interrompons ce récit pour donner place à une anecdote qui achève de peindre Daumesnil tout entier. Nous ne saurions mieux faire que de copier la lettre même écrite par M. Segond, ancien maire de Vincennes, dès qu'il a eu connaissance de l'ouverture d'une souscription en faveur des enfans de Daumesnil.

Je m'inscrirai avec grand plaisir sur la liste des souscripteurs. Je le dois sous tous les rapports.

Le brave général Daumesnil etait mon ami bien sincère : il l'était devenu après avoir fait envers moi un acte de générosité qui a conservé ma petite maison, et auquel je ne devais pas m'attendre. On lui avait persuadé que, sans moi, il serait devenu propriétaire, à bon marché, du petit parc : il était furieux contre moi. Les opérations de 1814 exigeaient qu'on renversât ma maison : trois ou quatre coups de canon auraient suffi, tout était préparé; mais, au moment de l'exécution, il s'arrêta, et dit à un officier qui me l'a rapporté : « M. Segond est bien heureux d'être mon ennemi : on dirait que j'ai voulu me venger. »

Nous avons vu le soldat, le capitaine, le camarade : voici le citoyen.

Vainement les approches de Paris avaient été héroïquement défendues : une capitulation fut signée le 30 mars 1814, à cinq heures du soir. Le gouverneur de Vincennes apprit bientôt cette nouvelle. Aux termes de cette capitulation, le matériel immense qui couronnait les hauteurs de la capitale devait être livré à l'ennemi, le lendemain, au point du jour. Pendant la nuit, Daumesnil sort de Vincennes à la tête de 250 chevaux qui se trouvaient dans la place, enlève et introduit dans la forteresse les canons, les fusils, les munitions, et tout un matériel qui, plus tard, fut évalué à plusieurs millions. Le lendemain, les alliés réclament ce qu'ils croient leur appartenir : on apprend que Daumesnil en est maître. Des commissaires étrangers se présentent à Vincennes, et, s'étayant du droit de conquête, somment Daumesnil de leur remettre le matériel dont il s'est emparé. Le général refuse. Alors un des commissaires lui dit : « Eh « bien, général, nous vous ferons sauter. « — Venez, » répond Daumesnil, en lui montrant un magasin où se trouvaient entassés dix-huit cents milliers de poudre ; « venez, nous sauterons ensemble ; et si

« je vous rencontre en l'air, je réponds « de ne pas passer sans vous égratigner. »

A la seconde invasion, en 1815, l'ennemi retrouve Daumesnil à son poste. Cette fois, le dépôt confié à sa garde était plus précieux encore. Le matériel amassé à Vincennes était le seul qui restât à la France.

Si l'on se reporte vers ces temps malheureux où le devoir semblait aussi difficile à connaître qu'à remplir; à cette époque où tant de fidélités, mieux dotées que la sienne, chancelaient, transigeaient ou se prostituaient avec éclat; de quelle admiration la conduite de Daumesnil ne semble-t-elle pas digne! Que d'excuses la difficulté des circonstances offrait au gouverneur de Vincennes!.... Du côté de la faiblesse se trouvaient les honneurs, la fortune, peu de blâme. Du côté du devoir strict, du devoir compris dans sa plus héroïque acception, se trouvaient le péril, la mort peut-être; du moins la disgrace et le courroux d'un pouvoir aigri et ombrageux. Daumesnil préféra les périls de la vertu aux récompenses que le pouvoir promettait à la trahison.

Paris était de nouveau au pouvoir de l'étranger; les Houlans, les Cosaques bivouaquaient sur les places publiques. La France, mutilée, déchirée, semblait un cadavre sur la claie. Au milieu de cet abattement général, de cette stupeur profonde, on entendait, de temps à autre, un bruit sourd : c'était le canon de Vincennes; et l'on se disait bien bas : « Il y « a un coin de terre qui est encore la « France; la patrie n'est pas morte tout « entière : de ses extrémités refroidies, « le sang a reflué au cœur, et l'on y sent « encore d'héroïques palpitations. »

Daumesnil est investi par une armée qui n'avait plus que lui à vaincre. Vincennes était le seul point que cette inondation d'étrangers n'eût pas envahi. On somme le gouverneur de se rendre : du haut des remparts, il crie pour toute réponse : « *Rendez-moi ma jambe, je vous « rendrai la place.* » Blucher lui fait proposer un million pour prix d'une capitulation. Ici, *la Jambe-de-Bois*, avec le sourire du mépris, rejette ces offres : « Mon « refus, dit-il, servira de dot à mes en- « fans. » Il ne s'est pas trompé : la France les adoptera.

Au milieu de ces périls, toujours même gaîté, même intrépidité. Il fait une sortie à la tête d'un bataillon d'invalides, mutilés comme lui : « L'ennemi, dit-il en riant, a respecté le jeu de quilles, et n'a pas osé « y jeter ses boules de fer. » Trois fois, il prit et reprit le village de Vincennes. Un jour, même, il sort de la place, monte un cheval de brasseur, et rentre bientôt, ramenant des canons prussiens pour trophée; canons que long-temps on montra à Vincennes, et qui sont bien du même bronze que *la Colonne.* Après cinq mois de blocus, ce fut avec le gouvernement de la France que Daumesnil conclut une capitulation dont il régla lui-même les conditions. Il sortit de Vincennes après avoir, *le dernier, porté la cocarde tricolore;* et c'est lui qui, à nos yeux et dans l'histoire, doit représenter, de la manière la plus complète et la plus opiniâtre, la nationalité française protestant contre l'invasion. Et voilà cependant l'homme, le héros, le citoyen dont on a tenté de ravaler le mérite au-dessous d'autres services éminens, sans doute, mais rendus

Daumesnil, monté sur un cheval de brasseur, sort de Vincennes, à la tête d'un bataillon d'invalides, et rentre bientôt, ramenant des canons prussiens pour trophées.

dans des circonstances bien moins importantes pour le pays !

Quinze années de retraite furent le prix de ce noble dévouement. Il se retira à la campagne, et commença cette vie simple, résignée, patiente, qui, chez les hommes de sa trempe, donne au repos prématuré un caractère de grandeur, une dignité imposant le respect. De nombreux amis voulaient s'entremettre en sa faveur près du pouvoir. Ils le conjuraient d'apposer son nom au bas d'une requête. On ne lui demandait que cet acte de déférence : il refusa. Il ne pouvait y avoir rien de commun entre Daumesnil et une dynastie que l'étranger avait deux fois ramenée en France.

Mais l'humble retraite du héros n'était pas inconnue de tous. On se montrait une maison ombragée de tilleuls qui s'élève sur une des rives de la Seine. Le batelier qui remontait le fleuve cherchait sur la terrasse l'ex-gouverneur de Vincennes, et, l'apercevant entouré de sa famille, s'arrêtait avec respect, et le saluait avec le pressentiment d'un meilleur avenir.

Un soir on entendit, au pied de cette terrasse blanchie par la lune, des acclamations, des cris de joie : « A Vincennes! « à Vincennes, général! Vive le général « Daumesnil! » C'était le peuple, c'étaient ces bateliers qui venaient le relever de son repos et le rappeler à Vincennes. Il avait fallu quinze ans et une révolution pour amener cet acte de justice, et c'était le peuple qui devait l'accomplir. Louis-Philippe, en apercevant Daumesnil, lui dit avec affection : « Général, Vincennes « vous attend. » Le pont-levis se baissa, et *la Jambe-de-Bois* prit, pour la troisième fois, la garde de sa forteresse.

Les derniers conseillers d'un pouvoir qui l'avait condamné à une retraite prématurée, les ministres de Charles X furent enfermés dans le donjon, en attendant des juges. Une foule exaltée vint demander leurs têtes à grands cris. Daumesnil sort, s'avance seul vers ces frénétiques : « Vous demandez les têtes des accusés? « leur dit-il. Vous ne savez donc pas « qu'elles n'appartiennent qu'à la loi? Vous « ne les aurez qu'avec ma vie. — Vive le « général Daumesnil! vive *la Jambe-de-« Bois!* » fut le cri qui s'échappa de toutes les bouches. On l'entoura, on le pressa. Quelques mots de lui avaient ramené à la raison cette multitude égarée. Lors de la translation de ces mêmes accusés, on avait craint quelques troubles. L'un d'eux était malade : Daumesnil le place dans sa voiture; et, aussi intrépide que généreux, traverse la foule silencieuse, et remet sain et sauf, au Luxembourg, l'accusé reconnaissant.

Daumesnil fut élevé au grade de lieutenant-général. Ici finit sa glorieuse carrière. Il allait jouir en paix d'un honorable repos, lorsqu'un horrible fléau vint le frapper au milieu de sa famille. Il mourut, jeune encore, le 17 août 1832, d'une attaque de choléra.

La garde nationale de Vincennes, les corps d'artillerie et d'infanterie de la garnison, un nombreux état-major, au milieu duquel on remarquait les généraux Pajol, Excelmans, Belair; un grand nombre de députés et M. Dupin aîné, assistèrent aux funérailles du grand citoyen. Plusieurs discours furent prononcés sur sa tombe. M. Dupin termina une éloquente improvisation en prenant l'engagement de demander à la législature suivante une pension nationale en faveur de la veuve et des enfans du général. Il voulait que, dans l'enceinte même du château de Vincennes, un monument fût élevé au général Daumesnil, avec cette inscription : *Ici l'on meurt, et l'on ne se rend pas.* A ces mots et, pour la première fois, dans un cimetière, sur une tombe encore entr'ouverte, l'orateur fut interrompu par des applaudissemens et des bravos! C'étaient les soldats de Daumesnil, ses amis, ses compagnons d'armes, qui applaudissaient à cette noble proposition!

Le 28 décembre suivant, le Conseil municipal de Périgueux décida, à l'unanimité, que le portrait de ce brave général serait placé dans la salle de ses séances; qu'une table de marbre, où seraient gravés, en lettres d'or, son nom et la date de sa naissance, décorerait la maison où il naquit, et que la place Royale serait désormais appelée *place Daumesnil.*

Fidèle à sa promesse, dans la séance du 12 janvier 1833, M. Dupin aîné, président de la Chambre des Députés, présenta une proposition dans laquelle il demandait qu'une pension de 6,000 fr. fût accordée à la veuve du lieutenant-général Daumesnil; qu'elle fût reversible en totalité sur la tête de ses enfans, avec accroissement au profit des survivans, et qu'elle ne s'éteignît qu'à la mort du dernier d'entre eux. Cette proposition était digne de la France, qui, libre maintenant, doit mettre au premier rang les vertus sans lesquelles la liberté ne peut exister. La veuve, les enfans de Daumesnil, et les derniers héritiers de son nom garderont dans leur mémoire le souvenir des généreux efforts de l'honorable président de la Chambre des Députés, qui, le 2 mars 1833, développa sa proposition avec une haute éloquence, et commença en ces termes : « Ma proposition a pour objet « d'accomplir un engagement pris sur la « tombe du brave général Daumesnil, une « promesse faite à sa famille, à la vue des « remparts qu'il avait préservés, en pré- « sence de ses frères d'armes, et sur leur « pressante sollicitation. »

M. Dupin ajoutait : « Daumesnil, après « avoir refusé l'or de l'étranger, est mort, « laissant sa famille dans la pauvreté. La « dot de sa femme a servi à l'alimenter « pendant sa longue disgrace. La liquida- « tion atteste qu'il ne laisse rien, et sa « femme n'a plus pour ressource qu'une « modique rente de 1,500 francs pour « elle et ses trois enfans. »

Dans le rapport de M. le comte Jaubert,

du 30 mai 1833, on lisait : « A l'époque « de nos désastres de 1814, lorsque la « branche aînée des Bourbons nous fut « infligée, Daumesnil, le dernier, comme « gouverneur de Vincennes, ne consentit « à voir dans leurs alliés que les ennemis « de la France....... En 1815, après la « fatale journée de Waterloo, les enne- « mis retrouvèrent encore Daumesnil en « possession du commandement de Vin- « cennes, où l'Empereur l'avait réintégré. « La forteresse contenait alors un maté- « riel évalué 86 millions. » Enfin la majorité de la Commission proposait à la Chambre d'adopter le taux de 6,000 fr. de pension.

Le 1er juin suivant, après un discours de M. Dupin, discours que nous voudrions reproduire ici tout entier, et malgré les efforts de plusieurs députés, la proposition fut rejetée au scrutin secret, après avoir été cependant adoptée par assis et levé. Singulier résultat, si l'on compare ce vote à une décision prise environ un an auparavant (14 mars 1832), dans laquelle la Chambre avait manifesté à Daumesnil vivant des dispositions vraiment dignes de la France et de lui. Il s'agissait, dans une discussion sur le budget de 1833, de la suppression du gouvernement de Vincennes, demandée par la Commission, et motivée sur ce que nos lois militaires n'admettent pas de commandement supérieur de cette nature pour une telle place de guerre. M. le général Jacqueminot, retraçant avec une chaleur entraînante les immenses services de Daumesnil, ainsi que ses précieuses qualités, qui avaient fait créer pour lui ce gouvernement par Napoléon, et qui le lui avaient fait conserver, s'écria : « Voulez-vous « donc aujourd'hui le lui ôter? — Non, « non, non! » répondit-on de toutes parts. M. de Marmier ajouta : « C'est un tableau « d'histoire qu'il faut laisser dans son « cadre. » La mesure de suppression fut rejetée à l'unanimité, moins une seule voix, et la dépense de 22,000 francs que nécessitait le gouvernement de Vincennes fut allouée par la Chambre, par cette même Chambre qui, l'année suivante, devait établir la décourageante maxime que la reconnaissance de la patrie n'est que viagère, et qu'elle ne fait point partie du patrimoine des orphelins laissés par ceux qui l'ont acquise.

En apprenant la décision inattendue qui avait définitivement repoussé la proposition en faveur de Mme Daumesnil, le Roi lui accorda un secours provisoire; et, à l'unanimité le conseil municipal de Vincennes, secondé par M. le président de la Chambre des Députés, ouvrit une souscription en faveur des enfans du général.

Cette souscription si nationale, accueillie partout en France, fut néanmoins arrêtée dans son essor par l'espérance de voir adopter, dans la session de 1834, la proposition du gouvernement, qu'on croyait généralement n'avoir été rejetée que par une erreur de scrutin. Cet espoir vient d'être déçu : la Chambre, gardienne des deniers publics, n'a pas cru devoir imposer aux contribuables une légère charge de 1,500 francs de rente viagère. Mais, après avoir rempli un devoir bien rigoureux, tous les Députés, comme citoyens, auront sans doute pensé, avec les contribuables, que vingt campagnes, vingt-trois blessures, une jambe de moins, cent millions de plus conservés à la France, et la pauvreté au bout, sont des conditions assez rarement réunies pour qu'une distinction accordée à la mémoire de Daumesnil n'eût pas tiré à conséquence et obéré notre avenir; car il y aura, heureusement et malheureusement, peu d'occasions d'appliquer une pareille exception.

C'est à ceux qui ont rappelé avec tant d'éloquence les éminens services de Daumesnil; c'est aux restes glorieux d'une armée dont il était lui-même un si glorieux débris; c'est aux Français qui ont déjà accepté la noble tutelle de ses enfans; c'est enfin à tous les citoyens dont le zèle n'avait été que suspendu, à imprimer, par leur exemple, une nouvelle activité à la souscription.

La France a contracté deux dettes envers Daumesnil : l'une matérielle, l'autre morale. La première va être payée, nous n'en doutons pas : l'histoire acquittera la seconde ; l'histoire consacrera la devise si énergiquement exprimée dans ces paroles de M. Dupin : *Daumesnil n'a voulu ni se rendre ni se vendre.*

DÉPARTEMENT DE LA DORDOGNE.

MAIRIE DE PÉRIGUEUX.

EXTRAIT

Du Registre des Délibérations du Conseil municipal de la ville de Périgueux.

Séance du 28 *décembre* 1832.

Après avoir entendu la lecture de la lettre de madame Daumesnil, le Conseil a pris la délibération suivante.

La ville de Périgueux s'honore d'avoir donné le jour au général Daumesnil. C'est un de ses enfans, dont le souvenir lui est cher et ne s'effacera jamais. La France gardera aussi long-tems sa mémoire que nos ennemis se rappelleront le gouverneur de Vincennes.

Sa mort, qui fut un deuil parmi nous, a réveillé bien des sympathies. Combien d'amis d'enfance ont versé des larmes sur la fin prématurée de ce brave officier!

Sa digne veuve, qui savait l'affection du général pour son berceau, a bien interprété ses regrets et les nôtres, en nous envoyant son image. Le conseil municipal la reçoit avec amour et reconnaissance. Il décide qu'elle sera placée dans la salle de ses audiences, vote des remerciemens à cette dame, au nom de la ville de Périgueux, et prie M. le maire de les lui transmettre.

Toutefois, voulant, autant qu'il est en lui, marquer son admiration pour son compatriote, et sa reconnaissance à madame Daumesnil, il arrête qu'une inscription portant le nom, l'année de la naissance du général et la date de la présente délibération, sera placée sur la maison où il naquit, et que la place Royale prendra désormais le nom de ce brave Périgourdin.

En conséquence, le Conseil autorise M. le maire à acheter les marbres nécessaires, sur lesquels les inscriptions seront gravées en lettres d'or.

Pour copie conforme,

Le Maire de Périgueux,

Signé DE MARCILLAC.

CHAMBRE DES DÉPUTÉS.

Séance du 12 janvier 1833.

M. Dupin aîné dépose une proposition dans laquelle il demande qu'une pension de 6,000 francs soit accordée à la veuve du général Daumesnil ; qu'elle soit réversible en totalité sur la tête des enfans, avec accroissement au profit des survivans, et qu'elle ne s'éteigne qu'à la mort du dernier d'entre eux.

Séance du 2 mars 1833.

EXPOSÉ DES MOTIFS

ET

PROJET DE LOI relatif à la concession de pensions spéciales à trois veuves de lieutenans-généraux,

PRÉSENTÉS

PAR M. LE PRÉSIDENT DU CONSEIL, MINISTRE SECRÉTAIRE D'ÉTAT DE LA GUERRE.

MESSIEURS,

La loi du 11 avril 1831, sur les pensions de l'armée de terre, après avoir défini les divers cas donnant droit à ces pensions, a pressenti les circonstances qui pourraient motiver des exceptions aux règles générales qu'elle a dû établir. L'art. 23, porte : « Dans les cas non-prévus par la présente loi, où il y « aura lieu de récompenser des services éminens ou « extraordinaires, les pensions ne pourront être ac« cordées que par une loi spéciale. »

Cette disposition trace la voie qui doit être suivie pour toute pension exceptionnelle, soit que l'éminence des services supplée à l'accomplissement des conditions de droit commun spécifiées par les titres 1er, 2 et 3 de la loi du 11 avril 1831, soit qu'ajoutée à ces conditions, elle détermine une fixation plus élevée que celle assignée au grade par le tarif annexé à ladite loi.

La proposition que nous avons l'honneur de vous soumettre, Messieurs, tend à récompenser, par une fixation exceptionnelle de la pension de leurs veuves, les services éminens rendus au pays par les lieutenans-généraux Daumesnil, Decaen et Duhesme.

D'après la loi du 11 avril 1831, la pension ordinaire des veuves de lieutenans-généraux est de 1,500 fr.

Le projet de loi que le Roi nous a chargé de vous présenter a pour objet de fixer à la somme de 6,000 francs, la pension des veuves des lieutenans-généraux Daumesnil, Decaen et Duhesme.

Le nom de ces officiers rappelle à vos souvenirs, Messieurs, les titres qu'ils avaient acquis à un témoignage particulier de la reconnaissance publique.

La célébrité du général Daumesnil n'est pas seulement historique, elle est populaire. Nous n'entrerons pas dans le détail de ses faits d'armes antérieurs à sa nomination, par décret du 2 mars 1812, au gouvernement de la forteresse de Vincennes, et dans le cours desquels il eut la jambe gauche emportée par un boulet dans la campagne de Wagram, en 1809 : c'était sa vingt-troisième blessure.

Nous insisterons spécialement sur l'énergique dévouement qu'il déploya pour la défense de ce dépôt, confiée à sa bravoure éprouvée, sur son incorruptibilité qui lui fit repousser avec dédain les offres de l'ennemi, pour le séduire. Chacun sait la réponse de cet autre *Léonidas* à la sommation de rendre la place : *Quand les Russes m'auront rendu ma jambe je leur rendrai Vincennes!* Sa fermeté sauva à la France, dans les deux invasions de 1814 et 1815, un matériel militaire d'une valeur considérable, renfermé dans la forteresse. Sa position de maréchal de camp amputé avait fourni à la seconde restauration un prétexte plausible de le mettre à la retraite : il était réservé à notre régénération de lui rendre la justice qui lui était due. Rétabli, dès le mois d'août 1830, dans le poste qu'il avait si noblement défendu, il fut promu, par le Roi, le 27 février 1831, au grade de lieutenant-général ; et quoique le nouveau classement des places de guerre attribuât le commandement de Vincennes à un simple colonel, il n'en fut pas moins conservé jusqu'à son décès dans le commandement supérieur de la forteresse, dont le nom est à jamais inséparable du sien. Il a succombé, le 17 août dernier, à une violente attaque de choléra, laissant dans l'armée, dans tous les cœurs vraiment français, une réputation qui suffit à son éloge.

PROJET DE LOI.

ARTICLE PREMIER.

Il est accordé :

Une pension viagère de 6,000 fr. à la veuve du lieutenant-général Daumesnil, commandant supérieur de la place de Vincennes, décédé le 17 août 1832.

. . . .

. . . .

Même Séance du 2 mars 1833.

DISCOURS

DE M. DUPIN (DE LA NIÈVRE),

A l'appui de sa proposition d'accorder une pension à la veuve du général Daumesnil.

MESSIEURS,

Ma proposition a pour objet d'accomplir un engagement pris sur la tombe du brave général Daumesnil : une promesse faite à sa famille, à la vue des remparts qu'il avait préservés, en présence de ses frères d'armes et sur leur pressante sollicitation.

Je sais toute l'énormité des charges qui pèsent sur l'État. Le trésor public gémit sous l'énorme poids de 112 millions de pensions de toute nature, qui menacent encore de s'accroître par des exigences de toute espèce; il y aurait à réduire plutôt qu'à augmenter ! mais on n'aura pas à redouter l'abus, pour l'avenir, du moins, si l'on n'accorde de pensions qu'à des familles pauvres comme celle du général Daumesnil, et pour des services aussi éclatans que ceux qu'il a rendus!

Je n'ai point à raconter sa vie militaire ; elle est assez connue. Il semblait avoir assez fait pour sa gloire, lorsqu'à Wagram il eut la jambe emportée par un boulet.

Mais une autre gloire l'attendait comme gouverneur du château de Vincennes. La défense des places de guerre n'exige pas moins de courage que les autres genres de combat ; mais elle exige plus de sang-froid ; elle suppose à un plus haut degré cette fermeté d'ame qui tient du courage civil ; il ne s'agit pas seulement de résister à la force, il faut savoir aussi résister à la séduction.

Daumesnil a offert tous ces nobles exemples.

En 1814, à la sommation de rendre Vincennes, il fit répondre aux étrangers : « Je leur rendrai Vincennes quand ils m'auront rendu ma jambe ! » et ils n'osèrent même pas l'attaquer.

Pour récompense, la restauration le priva de son commandement ; on lui donna le poste fort inférieur de la petite ville de Condé.

En 1815, il fut réintégré par Napoléon.

Après Waterloo, *jour funeste et à jamais déplorable*, les étrangers se présentèrent encore aux portes de Paris ; à la suite d'un tel désastre, Vincennes renfermait, pour ainsi dire, le seul matériel qui restât à la France, et l'on sait que ce matériel était estimé 86 millions.

L'ennemi, car je dois l'appeler ainsi, essaya de corrompre celui qu'il n'espérait pas de vaincre : un million fut offert à Daumesnil, s'il voulait ouvrir les portes de Vincennes aux alliés de son roi !

La France connaît son refus.....

Cette fois, la disgrace de Daumesnil fut plus complète que la première : il fut destitué, et il est resté quinze ans dans l'oubli !

Après notre glorieuse révolution de 1830, Daumesnil fut rétabli dans son commandement par Louis-Philippe à la satisfaction de tout le pays. Le peuple le nommait LA JAMBE DE BOIS, et ce surnom populaire, inséparable de l'idée de sa bravoure et de ses belles actions, lui valut cet ascendant dont il usa sur une autre espèce d'assaillans, quand il lui fallut protéger la personne des prisonniers confiés à sa foi.

Daumesnil, après avoir refusé l'or de l'étranger, est mort, laissant sa famille dans la pauvreté. La dot de sa femme a servi à l'alimenter pendant sa longue disgrace. La liquidation atteste qu'il ne laisse rien, et sa femme n'a plus pour ressource qu'une modique rente de 1,500 francs pour elle et ses trois enfans.

C'est dans ces circonstances, Messieurs, que j'ai cru devoir faire ma proposition.

Ainsi expliqué, j'ai la confiance que ce précédent n'aura rien de dangereux ; car, je ne puis trop le redire, dans l'intention qui me dirige, ce n'est point un encouragement à demander, mais un encouragement à bien faire.

Messieurs, j'ai attendu trois mois avant de faire ma

proposition. J'avais même désiré que le gouvernement prît l'initiative. J'ai différé à la développer, parce que M. le maréchal président du Conseil était absent, et ensuite malade. Aujourd'hui je me félicite qu'il ait fait lui-même une proposition à laquelle je déclare réunir la mienne.

Séance du 30 mai 1833.

RAPPORT

Fait au nom de la Commission * chargée de l'examen de la proposition de M. Dupin, relativement à la demande d'une pension pour la veuve du lieutenant-général Daumesnil,

PAR M. LE COMTE JAUBERT, DÉPUTÉ DU CHER.

Messieurs,

La loi du 11 avril 1831, sur les pensions de l'armée, après avoir réglé, avec une juste sollicitude et sans parcimonie, les cas ordinaires, a prévu les cir-

---

* Cette Commission est composée de MM. Boissy-d'Anglas, Dessaix, de Chastellux, Vérollot, de la Pinsonnière, Bellaigue, le comte Jaubert, Gillon, Estancelin.

constances exceptionnelles qui peuvent donner ouverture à une rémunération particulière. L'art. 25 est ainsi conçu : « Dans les cas non prévus par la présente » loi, où il y aura lieu de récompenser des services » éminens ou extraordinaires, les pensions ne pour» ront être accordées que par une loi spéciale. »

En conformité de cet article, et dans la session dernière, notre honorable président, M. Dupin, a présenté à la Chambre une proposition tendant à accorder une pension de 6,000 fr. à la veuve du lieutenant-général Daumesnil, ancien gouverneur de Vincennes; les développemens en furent lus dans la séance du 2 mars dernier. Le même jour, M. le ministre de la guerre présenta à la Chambre un projet de loi relatif à la concession de pensions extraordinaires à trois veuves de lieutenans-généraux : madame Daumesnil était du nombre.

La Commission chargée de l'examen du projet de loi et de la proposition qui s'y trouvait ainsi réunie, fit son rapport le 1er avril, par l'organe de l'honorable M. Teste; mais, par des raisons de forme, elle conclut, non sans regrets, au rejet. Elle considéra unanimement que l'art. 25 précité exigeant la solennité d'une loi spéciale, cette spécialité ne devait pas seulement s'entendre de l'objet même de la loi, qui serait toujours une récompense à décerner, mais qu'elle portait aussi et nécessairement sur les personnes; que, dès lors, la loi spéciale ne pouvait recevoir d'application *collective;* en d'autres termes, que toute loi portant concession d'une pension extraordinaire devait être *individuelle*. La Chambre sentit les inconvéniens divers, inséparables du mode de procéder par voie collective, et il ne fut pas donné suite au projet de loi.

Dans la session actuelle, M. Dupin a renouvelé sa proposition. Votre nouvelle Commission, que j'ai l'honneur de représenter, libre de tout embarras de forme, n'a eu à s'occuper que du fond même de la proposition.

Elle a consulté d'abord l'esprit de la loi du 11 avril 1831, l'intention qui a présidé à la disposition contenue dans l'article 23.

Le législateur de 1831, en proclamant l'exception en faveur des services militaires éminens ou extraordinaires, n'a pas entendu, sans doute, que tous les services de ce genre dussent être récompensés par des pensions spéciales. Telle est la glorieuse destinée de l'armée française : le courage, le patriotisme y sont si naturels, les belles actions s'y multiplient chaque jour avec une si noble émulation, que, s'il pouvait être question d'attacher à tant de vertus des récompenses pécuniaires tant soit peu proportionnées, tous les trésors de la France n'y suffiraient pas. Dans son impuissance à cet égard, le pays assure à tous ses défenseurs un honorable nécessaire, et il choisit entre eux, pour les rendre l'objet de sa munificence, ceux que des actions éclatantes, une victoire, un heureux hasard, une sorte de bonne fortune ont plus particulièrement mis en évidence et signalés à l'admiration, à la reconnaissance de la nation.

Ainsi la durée des services, le talent, l'éminence du grade, la qualité de général en chef ne suffiront pas toujours pour motiver une récompense nationale : il faudra de ces faits, de ces noms qui saisissent fortement l'imagination ; sans quoi le but politique de la loi serait manqué. Bisson, ce jeune héros dont la famille fut gratifiée d'une pension par la loi du 17 mai 1828, était un simple enseigne de vaisseau. Lorsque les Chambres accordent une récompense nationale, elles ne font en quelque sorte qu'enregistrer l'expression de la voix publique : elles consacrent cette popularité de bon aloi qui s'attache avec prédilection à certaines illustrations. Alors leur vote n'a pas besoin de commentaire, il est compris par tout le monde ; il devient pour tous les cœurs généreux un enseignement puissant, une prime glorieuse.

La majorité de votre Commission, Messieurs, a trouvé ces conditions réunies au plus haut degré dans la proposition qui vous est actuellement faite. La carrière de Daumesnil en Egypte, en Italie, en Espagne, en Allemagne, ne vous présente pas seulement les plus brillans faits d'armes, des exemples du plus admirable dévouement, des drapeaux, des canons enlevés à l'ennemi, une série de vingt-trois blessures, dont la dernière fut celle qui lui emporta la jambe gauche dans la campagne de Wagram ; cette vie dévouée tout entière à la patrie, compte trois circonstances mémorables.

A l'époque de nos désastres de 1814, lorsque la branche aînée de Bourbons nous fut infligée, Daumesnil, le dernier, comme gouverneur de la forteresse de Vincennes, ne consentit à voir dans leurs alliés que les ennemis de la France. La place n'aurait pu tenir long-temps contre des forces aussi considérables; mais Daumesnil avait annoncé la volonté de se faire sauter avec sa forteresse, à la dernière extrémité : et on le savait homme à tenir parole. Qu'il me soit permis de rappeler ici l'intrépidité et la gaîté toute française qui lui inspirèrent une réponse bien connue : « Quand » les Russes m'auront rendu ma jambe, je leur ren- » drai Vincennes. » L'histoire ne dédaignera pas ces paroles d'un véritable soldat; c'était là du sublime en style populaire; aussi le peuple ne donna-t-il plus au général Daumesnil que le surnom de la *Jambe-de-Bois*.

En 1815, après la fatale journée de Waterloo, les ennemis retrouvèrent encore Daumesnil en possession du commandement de Vincennes, où l'Empereur l'avait réintégré. La forteresse contenait alors un matériel d'artillerie évalué 86 millions. Cette fois, aux menaces on joignit (le fait paraît avéré) l'offre d'un million s'il voulait ouvrir les portes de Vincennes. Votre Commission ne le louera pas de l'avoir rejetée : tout officier français en aurait fait autant. Toujours est-il incontestable que la France dut à Daumesnil la conservation de ce dépôt, ressource précieuse pour des temps meilleurs.

La seconde restauration avait trop de rancune pour ne pas laisser Daumesnil dans une disgrace complète. La révolution de Juillet lui rendit sa forteresse : il y fut rappelé comme par acclamation. Les troubles graves qui survinrent bientôt après, à l'occasion du procès des ministres de Charles X, fournirent à Daumesnil une nouvelle occasion de déployer son énergie et sa présence d'esprit. Les têtes des prisonniers confiés à sa foi étaient demandées à grands cris par une foule furieuse. Dans ce moment critique, et contre cette autre espèce d'assaillans, comme vous l'a dit M. Dupin, Daumesnil sut user, au profit de l'ordre et des lois, de l'ascendant qu'il avait si justement acquis. Ce fut un service signalé rendu à la révolution de Juillet, qu'il préserva ainsi d'une tache qui aurait été ineffaçable.

Il appartenait à l'honorable auteur de la proposition plus qu'à personne de relever, dans le caractère de Daumesnil, le côté si remarquable du courage civil qui, pour être moins brillant que le courage militaire, n'est ni moins haut ni moins utile à la patrie. Comme militaire et comme citoyen, Daumesnil a également bien mérité de la sienne.

« Après avoir refusé l'or de l'étranger, nous dit encore l'honorable auteur de la proposition, il est mort,

» laissant sa famille dans la pauvreté. La dot de sa » femme a servi à l'alimenter pendant sa longue dis» grace. La liquidation atteste qu'il ne laisse rien, et » sa femme n'a plus pour ressource qu'une modique » rente de 1,500 francs pour elle et ses trois enfans. » Si votre Commission n'avait pas rencontré dans la proposition même ces renseignemens qui contribueront sans doute à former votre conviction, elle aurait peut-être craint, en les demandant directement, de blesser, chez la veuve d'un brave, ces sentimens élevés et délicats qui l'avaient habitué lui-même à braver les privations. Au reste, la loi du 11 avril 1831, par une innovation conforme à nos mœurs, a dispensé les veuves de toute justification à cet égard. Est-il juste, est-il convenable de laisser la veuve et la famille de Daumesnil dans cette pénible situation?

La minorité de votre Commission, composée de quatre membres, tout en rendant, comme nous, un sincère hommage aux vertus, aux services éminens de Daumesnil, tout en reconnaissant le touchant intérêt que mérite sa famille, a hésité cependant, en présence des charges énormes qui pèsent sur le trésor public, à ouvrir, par un semblable précédent, une voie nouvelle de rémunération qui peut nous entraîner, par une pente d'abord insensible, dans des dépenses beaucoup plus considérables. D'une part, elle a craint qu'une fois cet exemple donné, il fût désormais difficile à la Chambre de résister à des exigences que ne manquerait pas de faire naître successivement la position d'un grand nombre de familles également recommandables; d'autre part, dans le refus que vous avez fait récemment de prendre en considération une proposition du même genre concernant la veuve, bien malheureuse aussi, d'un des anciens chefs les plus distingués de l'armée *, comprise, comme Mme Daumesnil, dans le projet de loi présenté à la dernière session, la minorité de votre Commission a cru apercevoir l'intention, au moins, d'ajourner toutes ces propositions à un moment plus favorable.

La majorité, au contraire, sans scruter le motif qui a pu vous déterminer dans le vote auquel je viens de faire allusion, a vu, dans la proposition faite en faveur de Mme Daumesnil, une application fondée, politique de l'art. 25 qui n'a pas été sans de bonnes raisons inscrit dans la loi du 11 avril 1831. Y restera-t-il toujours comme une promesse stérile? Sans doute, de l'usage de cette faculté à son abus, il n'y a pas loin; mais ce sera à la Chambre à discerner, dans les propositions qui pourront lui être faites à l'avenir, celles qu'un véritable intérêt politique recommande à sa sanction.

D'après ce qui précède, le taux de la pension nouvelle à accorder à madame Daumesnil ne pouvait manquer de soulever dans le sein de votre Commission un

* Le lieutenant-général Decaen.

second dissentiment. Les uns, toujours préoccupés de l'accroissement des dépenses publiques, et comparant tant en masse qu'en détail, dans le budget, la rémunération déjà si large des services militaires avec celle des services civils, ont cru satisfaire à toutes les convenances en portant à 4,000 fr. la pension ordinaire de 1,500 francs dont jouit actuellement madame Daumesnil, en vertu de l'article 19 de la loi du 11 avril 1831.

Les autres (et parmi eux s'est trouvé l'un des membres dissidens sur la première question) ont pensé qu'une fois le principe admis d'une récompense nationale, elle devait être plus digne tout à la fois et de la nation qui l'offre et du nom qu'elle est destinée à honorer. D'ailleurs le taux de 6,000 fr. est celui des pensions extraordinaires conférées dans les Cent Jours aux veuves des lieutenans-généraux Desvaux-Saint-Maurice, Letort, etc., morts sur le champ de bataille de Waterloo, et confirmées dans la loi du 15 février 1832. Il paraît difficile, dès lors, de traiter moins favorablement la veuve de Daumesnil. Enfin, il semble qu'une réduction quelconque, presque insignifiante d'ailleurs pour le trésor, sur la proposition de M. Dupin, aurait l'inconvénient de rabaisser aux yeux du public un acte dont le principal caractère doit être la munificence. La majorité s'est donc arrêtée au taux de 6,000 fr.

Mais votre Commission a été unanime pour vous proposer un amendement tendant à réduire la nouvelle pension au taux originaire de 1,500 fr., dans le cas où madame Daumesnil contracterait un nouveau mariage. Le nom de Daumesnil, la position précaire de sa famille étant les causes déterminantes de la pension spéciale, le supplément disparaîtrait le jour où, le nom cessant d'être porté par madame Daumesnil, elle trouverait, dans une autre famille, un nouvel appui pour elle et ses enfans.

Messieurs, trop souvent nous sommes obligés de fournir des fonds pour le service de pensions dont l'origine anti-nationale répugne à nos sentimens ; mais la foi promise, la nécessité de maintenir notre crédit par un respect scrupuleux pour les droits acquis, la Charte enfin, enchaînent notre vote. Trop souvent aussi l'intérêt pressant des contribuables nous contraint d'opposer aux réclamations de nos vieux braves, débris glorieux de la grande armée, des ajournemens ou même des refus que nous nous efforçons en vain d'adoucir. Une occasion se présente aujourd'hui, où, sans augmenter d'une manière sensible le fardeau des impôts, nous pouvons donner essor à toutes nos sympathies en honorant l'une des notabilités de l'armée. Saisissons avec empressement cette occasion consolante : la France applaudira.

Votre Commission a l'honneur de vous proposer la résolution suivante :

ARTICLE UNIQUE.

« La pension annuelle et viagère de 1,500 fr. inscrite « au nom de la veuve du lieutenant-général Daumesnil, « ancien commandant supérieur de Vincennes, est por- « tée à 6,000 fr.

« Dans le cas où ladite veuve contracterait un second « mariage, la pension sera réduite au taux originaire « de 1,500 fr. »

Séance du 1er juin 1833.

DISCOURS

DE M. MADIER DE MONTJAU,

DÉPUTÉ DE L'ARDÈCHE,

A l'appui de la proposition d'élever à la somme de 6,000 fr. la pension de 1,500 fr. de la veuve du lieutenant-général Daumesnil, prononcé dans la séance du 1er juin 1833.

MESSIEURS,

Je viens appuyer avec une profonde conviction un appel fait à la reconnaissance nationale.

Je ne vous retracerai point, Messieurs, les belles actions de Daumesnil, car je ne vous fais point l'injure de craindre que vous les ayez oubliées. Je veux surtout reporter un moment vos souvenirs sur les circonstances au milieu desquelles il s'éleva si haut par son patriotisme et sa probité. Pendant cette époque où un découragement contagieux s'autorisait du naufrage des plus hautes renommées, alors, Messieurs, Daumesnil se montra inébranlable.

Et remarquez qu'il n'eut pas à combattre seulement une de ces tentations dont les vertus communes ne triomphent, le plus souvent, que par la crainte de l'infamie. Daumesnil était réservé à des séductions bien plus dangereuses ; il savait qu'un mystère impénétrable eût couvert la faute où on voulait l'entraîner. En effet, comme il n'avait pas encore révélé ce qu'on pouvait faire de Vincennes, personne ne se serait indigné qu'une place sans remparts, et presque sans garnison, cédât à de formidables armées ? Et comme une capitulation que tout semblait rendre inévitable n'aurait pu être soupçonnée de trahison, jamais non plus on n'aurait pu en soupçonner le honteux salaire. Aussi, Messieurs, Daumesnil, je le répète, était certain qu'il n'avait pas à craindre, je ne dis pas un conseil de guerre, mais même un léger doute sur sa fidélité.

Et voilà, Messieurs, ce qui me fait préférer cette héroïque probité d'un homme pauvre à tous les brillans combats où sa bravoure le fit distinguer parmi les plus intrépides.

Et cependant on a souvent affecté de répéter que le

défenseur de Vincennes n'avait fait que son devoir. Oui, cela est rigoureusement vrai dans le sens que les trois cents des Thermopyles et l'équipage du vaisseau *le Vengeur* ne faisaient que leur devoir. Oui, cela est vrai en morale ; et cependant la profonde admiration des hommes pour ces rares et sublimes dévouemens prouve assez combien ils sont difficiles, et qu'ils ne peuvent apparaître que de loin en loin.

On a parlé aussi de la pénurie du trésor. Eh bien ! sous ce rapport encore, je m'empresserais de doter la famille Daumesnil, car je croirais enrichir réellement le pays en redoublant l'émulation et le dévouement de l'armée.

Une objection plus embarrassante a été tirée de la décision naguère prise par vous au sujet de Mme veuve Decaen. Certes, Messieurs, ce ne sera pas moi qui chercherai à affaiblir l'impulsion qu'ont dû produire ces réflexions ; je me bornerai à répondre que cette décision sévère ne peut être considérée comme *irrévocable*, et que la Chambre appréciera plus exactement les conséquences de la mesure qui lui a été demandée.

Elle pèsera de nouveau toutes les circonstances si nombreuses et si difficiles qu'il faut réunir pour obtenir l'exception. Il faut non pas seulement du dévouement, il faut un dévouement éclatant, un dévouement devenu populaire, un dévouement heureux ; il faut laisser une famille et la laisser sans fortune. Je le répète, toutes ces conditions seront trop rarement réunies pour qu'on puisse être alarmé du nombre des admissions. Je désire, sans oser l'espérer, qu'une douzaine de noms illustres, choisis parmi tous ceux que vingt-cinq ans de guerre ont signalés, honore et console cette glorieuse période.

On a parlé des règles établies et du danger d'en multiplier les infractions ; mais on oublie que le principal mérite de la proposition, c'est précisément de suppléer à l'insuffisance d'une règle à laquelle il n'est pas donné de statuer sur des situations tout-à-fait exceptionnelles. Je ne nie pas la disposition qui fera en tout temps réclamer de semblables exceptions ; mais, au lieu de m'en alarmer, j'espère que nos successeurs ne sentiront pas moins vivement que nous l'avantage et la justice de sortir des usages en faveur de ceux qu'un dévouement heureux aura mis hors de ligne. Au reste, Messieurs, soyez bien persuadés que la récompense accordée à la mémoire de Daumesnil rendrait les exceptions bien plus difficiles, au lieu de les multiplier.

Il y aurait en effet trop de rigueur à poser comme principe inflexible que les récompenses nationales ne pourront être obtenues qu'à pareil prix ; ce serait en vérité les placer presque hors de portée.

En effet, Messieurs, pour un soldat qui, parti des derniers rangs, survit, comme Daumesnil, à quarante combats et à vingt-trois blessures ; pour un homme à qui la fortune livre une occasion de gloire personnelle si profitable pour la patrie, que de milliers, ou plutôt que de millions, succombent obscurément, victimes inconnues d'une héroïque abnégation.

Ne craignez donc pas de trop charger et de trop lier l'avenir : sans doute vous allez l'engager, et pour toujours, je l'espère ; mais à quoi ? A accorder la même distinction au soldat qui ajouterait, comme Daumesnil, à l'honneur de vingt-trois blessures et d'une mutilation, le bonheur d'avoir conservé à l'État une place dépourvue de fortifications, d'avoir sauvé un immense matériel, et d'avoir consolé nos désastres par une fermeté à toute épreuve. Messieurs, malgré la bravoure héréditaire de notre nation, une telle loi ne grèverait en aucun temps le trésor ; car la France n'aurait pas à l'appliquer souvent.

Napoléon, qui ne fut sourd qu'à un seul de nos vœux, Napoléon allait au-devant de toutes les exigences de notre reconnaissance et de notre honneur, et un de ses plus beaux titres, c'est d'avoir toujours été grand dans la récompense des belles actions. S'il avait aujourd'hui à fixer le sort des enfans de l'homme de Vincennes, certainement il n'hésiterait pas à les traiter en enfans de prédilection.

Eh bien! vous ne voudrez pas faire dire que notre Gouvernement est devenu moins reconnaissant depuis que nous sommes devenus libres. Vous ne le voudrez pas, surtout en songeant à la générosité que l'Angleterre a montrée dans tous les temps pour les services éclatans de ses grands hommes, et principalement de ses guerriers. Non, au milieu de cette rivalité si nouvelle et si noble qui vient d'éclater entre les deux nations, vous ne voudrez pas être surpassés par l'Angleterre.

Il y a bien peu de temps, Messieurs, qu'un compagnon d'armes de Daumesnil vint vous demander pour lui, à cette tribune, la faveur de mourir dans les lieux où il s'était illustré. Son langage fut simple comme l'ami dont il vous racontait la vie. Il se borna presque à la lecture de cette lettre qui, frappant les ennemis de stupeur, tint lieu à une ville sans défense des fortifications qui lui manquaient.

Alors, Messieurs, les nobles prières du général Jacqueminot vous firent sentir que Vincennes appartenait à Daumesnil, comme Daumesnil appartenait à Vincennes ; et vous votâtes par acclamation la faveur qu'un brave sollicitait pour son glorieux ami. Hélas, Messieurs, il n'avait pas long-temps à en jouir ! Bientôt après il mourut, ne laissant à ses trois enfans que ses exemples, et une mère honorable comme lui, mais sans fortune comme lui.

Ses enfans, Messieurs, se présentent devant vous avec cette réponse que leur père écrivit aux généraux de la coalition : « Je garderai Vincennes pour mon » pays qui l'a remis à ma foi, et je garderai votre lettre » pour servir de dot à mes enfans. »

Quand Daumesnil écrivit ces paroles il était pauvre

comme au jour de sa mort; et cependant il eut horreur de devenir riche par les moyens qu'osait lui proposer l'ennemi.

Le moment est venu, Messieurs, de prouver à la France que nous savons dignement récompenser, en son nom, l'héroïsme du courage et de la probité.

Même séance du 1er juin 1833.

DISCOURS

DE M. DUPIN (DE LA NIÈVRE),

PRÉSIDENT DE LA CHAMBRE,

A l'appui de sa proposition, d'élever à la somme de 6,000 fr. la pension de 1,500 fr. de la veuve du lieutenant-général Daumesnil, ancien commandant de Vincennes; prononcé dans la séance du 1er juin 1833.

Messieurs,

C'est à la demande d'un grand nombre de généraux, de frères d'armes du général Daumesnil, à l'instant où on lui rendait les derniers devoirs, que j'ai contracté l'engagement de soumettre à la Chambre la demande d'une pension pour sa famille. Je remplis ce mandat.

Le succès me paraissait d'autant moins douteux, que la proposition du Gouvernement est venue se joindre à la mienne. Mais, par un événement inattendu, cette adjonction, au lieu d'être utile, a été fatale à la proposition. C'est là un des cas où la forme emporte le fond.

On a réuni trois propositions en une seule, et la Chambre, au lieu de les diviser, les a rejetées toutes les trois; la mienne a été emportée dans l'infortune commune de la décision. Au contraire, des pensions littéraires, présentées avec plus d'intelligence (on rit), ont passé successivement avec une grande facilité.

Ne pouvant plus, par respect pour le réglement, reproduire ma proposition dans la même session, j'ai laissé celle-ci s'écouler paisiblement; mais j'ai cru qu'il était encore de mon devoir de reproduire la proposition dans la session actuelle. La Chambre m'a fait l'honneur d'en permettre la lecture, puis de la prendre en considération.

Je ne m'attendais pas, je l'avoue, à la voir combattue devant vous, surtout à la voir combattue par d'anciens fréres d'armes du général Daumesnil, et seulement par des motifs qui expriment le regret d'avoir vu refuser une autre pension, celle du général Decaen; car on ne peut prendre jalousie de ce que la famille de l'un serait plus heureuse que celle de l'autre.

Je ne pense pas qu'il faille se décider par de tels motifs; car s'il est vrai, comme le pense M. le général Delort, que je ne prétends pas contrarier en ce point, que la Chambre ait eu tort de ne pas accueillir sa proposition en faveur du général Decaen, ce n'est pas une raison pour qu'il croie qu'il y aurait plus d'équité, plus de justice, si l'on traitait de même celle qui concerne le général Daumesnil.

Eh! moi, au contraire, je déclare que si ma proposition avait été déférée à la Chambre la première, et qu'elle eût éprouvé l'infélicité d'un rejet, j'aurais gémi du refus, mais je n'aurais pas fait moins de vœux pour qu'une autre proposition juste obtînt un meilleur succès. Ainsi, j'espère que vous ne vous réglerez pas sur un précédent pour lequel il y a remède, si faute a été commise, et que vous apprécierez la proposition Daumesnil d'après les considérations qui lui sont propres.

Je n'entends pas établir de comparaison entre des services, car on ne le fait jamais qu'aux dépens d'une des deux parties: les deux généraux dont il s'agit ont servi leur pays dans des circonstances toutes différentes, tout honorables, et qui toutes ont tourné à la gloire de la patrie. Ainsi je ne voudrais pas établir un parallèle qui exalterait moins l'un qu'il ne tendrait à déprimer l'autre. Je laisse en l'honneur du général Decaen tout ce qu'on a voulu vous faire entendre dans l'intérêt de sa réputation et de ses services; mais je suppose que les services du général Daumesnil ne doivent pas, pour cela, être amoindris et ravalés. Il est possible que dans l'échelle chronologique il soit moins ancien que le général Decaen; que dans l'opinion d'officiers d'artillerie, d'hommes spéciaux, savans, dans des cercles d'état-major, l'un paraisse avoir eu des qualités militaires plus brillantes que l'autre. Moi, je juge le général Daumesnil comme le juge le peuple, avec le sentiment national. Je vois l'homme qui, quoique sorti des derniers rangs du peuple, simple soldat, s'est élevé par sa bravoure et en laissant ses membres sur les champs de bataille; mais, pour défendre une forteresse, il n'est pas nécessaire d'avoir tous ses membres, il faut le cœur tout entier, et Daumesnil avait un cœur tout français. Qui en douterait après avoir vu sa conduite comme commandant de la forteresse de Vincennes? On dit : Tout autre à sa place aurait fait la même chose! Mais, Messieurs, si l'on peut admettre un tel argument toutes les fois qu'une grande action aura été faite, on n'en récompensera jamais aucune; car il se trouvera toujours des hommes dont on pourra dire; à la place d'un tel, il en eût fait autant!.....

Ce n'est pas là une raison valable. Personne ne conteste que Daumesnil a fait noblement son devoir, on dit seulement qu'un autre l'aurait fait aussi à sa place! Il est toujours vrai que c'est lui qui a accompli son devoir, qui a fait la belle action, et à qui en est due la récompense; en effet, la conduite de Daumesnil a été tellement distinguée aux yeux de la nation, qu'aucun nom n'est resté plus populaire.

L'on vous a dit : Aucun général n'a rendu des places. Je réponds : Honneur aux généraux qui ont rempli leur devoir; mais certes, à l'époque de 1814 et 1815, lorsqu'on n'avait pas en face un ennemi bien dessiné, lorsque cet ennemi, prenant la peau du mouton pour couvrir le loup dévorant, s'appelait allié, lorsqu'il venait au nom d'un gouvernement prétendu légitime et français, n'y a-t-il pas eu des trahisons, des défections nombreuses; et loin de conduire à l'ignominie, à la honte, cette conduite ne fut-elle pas sous la Restauration un titre à l'avancement, à la fortune ? (Sensation.) Eh bien ! Daumesnil, pour son courage, sa résistance aux alliés de Louis XVIII, de la Restauration, n'a recueilli que la disgrace, qu'une sorte de pénalité . . . .
. . . .

(M. le ministre de la guerre a ensuite pris la parole et appuyé la proposition. La Chambre allant aux voix *par assis et levé*, a voté la pension. On a ensuite passé *au scrutin secret*, et la Chambre a rejeté. (Pénible sensation.)

MAIRIE DE VINCENNES.

SOUSCRIPTION

EN FAVEUR

DES ENFANS DU GÉNÉRAL DAUMESNIL.

EXTRAIT

Du registre des délibérations du Conseil municipal.

Séance extraordinaire du 3 juin 1833, au soir.

Présens, MM. Lejemptel, maire, président; Lelièvre et Savard, adjoints; Hurteau, Leduc, Girard, Janets, Thomas, Thevenard, Freret, Guillemain, Chevreau, Vienot, Petit-Jean, Berault, Bonnefoy, Plisson et Dudoit.

Le conseil municipal assemblé, en vertu de l'autorisation contenue en la lettre de M. le sous-préfet, en date de ce jour,

M. le maire fait l'exposé suivant :

Le lieutenant-général Daumesnil, décédé commandant supérieur de la place de Vincennes, après une carrière illustrée par les plus brillans faits d'armes, en défendant deux fois cette place et en conservant deux fois à la France les immenses munitions et le riche matériel qu'elle renfermait, a donné l'exemple de ce que peuvent, réunis, la valeur du guerrier, le courage et l'incorruptibilité du citoyen : bien faible devant les armées de l'Europe, si l'on considère les murs qui le couvraient, toute sa force fut dans son ame, dans son dévouement, son amour pour sa patrie. Décidé à mourir et à faire périr avec lui ce que la rapacité du vainqueur considérait déjà comme sa proie, par cette fermeté que ni la crainte ni la séduction ne purent ébranler un seul instant, il imposa à l'ennemi; on gagna du temps, et tout fut sauvé.... Ce guerrier, distingué par ses éminens services, par vingt-trois blessures et la perte d'une jambe emportée à Wagram, est mort pauvre et laisse une veuve et trois enfans sans fortune.

La commune de Vincennes, témoin de sa belle conduite, attendait, avec toute la France, une heureuse issue à la proposition faite à la chambre des députés par M. Dupin aîné, son président, et par M. le maréchal ministre de la guerre, d'accorder une pension de 6,000 francs à sa veuve, à titre de récompense nationale ; une circonstance sans exemple dans les fastes de la représentation nationale est venue renverser son espoir : dans la séance du 1er de ce mois, cette proposition, après avoir été adoptée à l'épreuve par assis et levé, a été rejetée au scrutin secret.

Le conseil municipal de Vincennes ne pouvait rester insensible à tant d'infortunes.

Qui de nous, en effet, n'a pas encore tout présent à la mémoire le souvenir de cette héroïque défense qui deux fois a préservé nos familles, nos foyers, du plus horrible des fléaux, l'occupation étrangère!

Vous avez désiré vous réunir, Messieurs, pour exprimer la vive part que vous avez prise à l'affliction qu'a dû causer à la famille du général la décision de la chambre des députés: animé des mêmes sentimens, je n'ai pas perdu un seul instant pour solliciter l'autorisation exigée par la loi: cette autorisation m'a été accordée; je vous invite à vouloir bien délibérer.

M. le maire termine en donnant lecture d'une lettre en date de ce jour, après midi, par laquelle M. Dupin aîné, président de la chambre des députés, lui annonce qu'heureux de répondre au généreux appel du conseil municipal de Vincennes, et de le seconder par son exemple, comme président de la chambre des députés, il souscrit pour une somme de 500 francs.

Le conseil municipal,

Considérant que la position financière de la commune ne lui permet pas d'acquitter comme il le désirerait la dette sacrée que lui impose la reconnaissance envers la mémoire d'un guerrier auquel, dans des circonstances critiques, la commune a dû deux fois son salut et l'honneur insigne de voir flotter la dernière, sur ses murailles, le drapeau national ; mais voulant néanmoins, par une offrande proportionnée à ses ressources, faire un appel à la sympathie de ses concitoyens ;

Pénétré de la conviction intime qu'il se rend l'organe des vœux de tous les habitans de la commune ;

Délibère, à l'unanimité,

Qu'il y a lieu d'ouvrir une souscription dans la commune, en faveur des enfans du lieutenant-général Daumesnil, et de voter, à titre de participation à cette souscription, une somme de 500 francs, laquelle sera prise sur les fonds communaux disponibles ;

Charge M. le maire d'exprimer à M. le président de la chambre des députés les sentimens de gratitude que lui a fait éprouver sa généreuse offrande.

Ce fait, et attendu que la loi interdit au Conseil de s'occuper de tout autre objet, le présent procès-verbal a été signé par tous les membres présens, après lecture, et la séance a été levée.

Signé : Savard, Chevreau, Petit-Jean, Janets, Leduc, Vienot, Freret, Hurteau, Girard, Thomas, Guillemain, Thevenard, Lelièvre, Berault, Bonnefoy, Plisson, Dudoit et Lejemptel, maire.

Pour extrait conforme,

Le Maire,

Signé LEJEMPTEL.

COPIE DE LA LETTRE

Adressée à M. le Maire de Vincennes par M. Dupin aîné, président de la Chambre des Députés.

Paris, 3 juin 1833

Monsieur le maire,

J'apprends avec le plus vif intérêt que le conseil municipal de Vincennes, présidé par vous, veut ouvrir une souscription en faveur des enfans du brave général Daumesnil. Je m'associe de toute mon ame à cette patriotique pensée. Elle trouvera de l'écho dans tous les cœurs français! les moindres citoyens, les simples soldats donneront leur obole à Bélisaire! Comme président de la chambre des députés, heureux de répondre à votre généreux appel, et de le seconder par mon exemple, je souscris pour une somme de *cinq cents francs*.

Recevez, je vous prie, monsieur le maire, vous que j'ai entendu sur la tombe du brave commandant de Vincennes rendre hommage à ses grands services et à ses modestes vertus, recevez l'assurance de la parfaite estime avec laquelle j'ai l'honneur de vous saluer.

Signé DUPIN.

COPIE DE LA LETTRE

Adressée à M. le maire de Vincennes par M. DE LAS CASES père, député de la Seine.

Monsieur le maire,

Je lis la patriotique résolution de votre commune, d'ouvrir une *souscription nationale* en souvenir du brave général Daumesnil si éminemment *national*. Je vous prie de vouloir bien m'associer à votre généreuse pensée pour *cinquante francs annuels*, durant ma vie, aux enfans du héros de Vincennes. Ce sera mon humble denier pour la veuve, et un sentiment pour Napoléon, de la bouche duquel j'ai entendu à Sainte-Hélène que le brave Daumesnil lui avait sauvé la vie à Saint-Jean d'Acre au péril de la sienne.

Veuillez bien agréer, etc.

DE LAS CASES PÈRE, député de la Seine.

Passy, le 5 juin 1833.

COPIE DE LA LETTRE

De M. LEBÈGUE à M. le maire de Vincennes.

Paris, le 31 janvier 1834.

Monsieur le maire,

Je tiens à votre disposition la somme de dix francs,

au profit des enfans du brave général Daumesnil, et je m'engage à en verser autant chaque année, *ma vie durant.*

Veuillez agréer, etc.

LEBÈGUE,

imprimeur-libraire, rue des Noyers, n° 8.

COPIE DE LA LETTRE

De M. le préfet de l'Orne aux habitans de ce département.

Alençon, 14 juin 1833.

Messieurs et chers compatriotes,

Vous savez tous que le lieutenant-général Daumesnil, si glorieusement mutilé par le fer de l'étranger, refusa l'or de celui-ci plus glorieusement encore, et que, pouvant vivre plus que *millionnaire*, il est mort pauvre dans cette même place de Vincennes, défendue deux fois par lui contre les ennemis de la France avec le courage du guerrier et l'incorruptibilité du citoyen.

Mais ce que nul d'entre vous ne doit ignorer, c'est qu'il a laissé une veuve et trois enfans sans fortune; et que, à Vincennes comme à Paris, et sur tous les points de cette France où palpitent tant de cœurs généreux, on a déjà ouvert et l'on ouvre encore des souscriptions en faveur des enfans du brave aussi connu sous le nom de *la Jambe-de-bois* que sous celui de Daumesnil.

Déjà les noms les plus honorables, les plus illustres et les plus augustes même, figurent sur ces souscriptions.

J'ai donc pensé, mes chers compatriotes, moi qui vous connais plus intimement que personne, et qui dois par conséquent vous apprécier le mieux, qu'il me suffirait de vous annoncer que des souscriptions vont s'ouvrir aussi dans les principales localités de notre département, pour voir bientôt vos noms briller sur de longues et honorables listes.

. . . .

Ce n'est pas, Messieurs, comme administrateur que j'ai l'honneur de vous écrire en ce moment; heureux et fier d'être né parmi vous, dans un pays digne de la liberté par son respect pour les lois, c'est une invitation, c'est une simple prière qu'un compatriote vous adresse en faveur des enfans du brave Daumesnil.

. . . .

J'ai l'honneur, etc.

CLOGENSON.

Les journaux de Paris, *le Constitutionnel*, *le Courrier Français*, *les Débats*, *le National*, *le Temps*, et les principaux journaux des départemens, se sont empressés d'ouvrir une souscription en faveur des enfans de Daumesnil dit *la Jambe-de-Bois*.

Des commissions particulières se sont formées à Paris et dans les départemens pour recevoir les dons volontaires des citoyens.

GARDE NATIONALE DE PARIS.

Nous aimons à enregistrer ici deux témoignages éclatans d'intérêt et de sympathie dus à la garde nationale de Paris.

A la voix de leurs chefs, la 13e légion (cavalerie) et la 4e d'infanterie s'empressèrent d'ouvrir une souscription en faveur des enfans de Daumesnil. Il est vrai que le premier de ces corps a pour colonel M. le général comte de La Ferrière, pair de France, mutilé à Craonne comme Daumesnil à Wagram, et que le second s'enorgueillit d'avoir à sa tête le brave Chapuis, tous deux si terribles aux ennemis de la France, quels qu'ils soient, tous deux modèles d'honneur et de patriotisme.

Leur noble exemple sera suivi, nous n'en doutons pas, par tous les autres colonels de la garde nationale.

La souscription qui avait été ouverte dans la 13e légion par son colonel, M. le comte de La Ferrière, produisit 1427 fr., qui furent versés entre les mains de M. le chef d'état-major-général, lequel en donna avis à M. le rédacteur en chef du *Journal des Debats* par la lettre ci-après :

Paris, le 16 octobre 1833.

Monsieur le Rédacteur,

MM. les gardes nationaux de la légion de cavalerie, qui, ainsi que leurs camarades des autres légions, ne manquent jamais une occasion de manifester les sentimens honorables dont ils sont animés, viennent de verser entre mes mains une somme de 1427 francs, montant d'une souscription qu'ils ont ouverte dans leurs rangs, pour être offerte aux enfans du brave général Daumesnil.

En mettant cette somme à votre disposition, monsieur le Rédacteur, je vous prie de vouloir bien insérer l'annonce de cette souscription dans votre journal.

Le chef d'état-major général,

JACQUEMINOT.

EXTRAIT

De la Décision prise le 26 juin 1833 par MM. les officiers supérieurs de la 4e Légion.

Paris, le 26 juin 1833.

Sur l'invitation transmise par M. le maire de Vincennes, les officiers supérieurs réunis, en décidant à l'unanimité qu'en principe il continuera de n'être admis dans la 4e légion aucune souscription étrangère aux faits de la garde nationale, croient toutefois se rendre aux vœux de leurs camarades en faisant une exception en faveur de la mémoire de l'incorruptible Daumesnil.

En conséquence, ils arrêtent qu'une souscription sera ouverte en faveur des enfans de ce général.

Le lieutenant-colonel de la 4e légion,

Signé LEGROS.

Le 21 janvier 1834, M. le colonel Chapuis et M. le lieutenant-colonel Feron (Michel) versèrent, au nom de leurs camarades de la 4e légion, la somme de 926 fr. 30 c.

COMPAGNIE DE VOLTIGEURS.

Mes chers camarades,

Daumesnil, que vous connaissez tous sous le nom glorieux de *la Jambe-de-Bois*, est mort pauvre, après avoir refusé l'or de l'étranger pour livrer la forteresse de Vincennes, qui renfermait un matériel estimé *cent millions !*

Cependant un supplément de 1,500 francs de rente viagère, proposé par le gouvernement, a été refusé à la veuve de ce brave. C'est donc aux Français individuellement qu'il appartient maintenant de doter les enfans du guerrier qui, couvert de 23 blessures, mutilé à Wagram, a sauvé deux fois la vie à Napoléon.

« Il y a de l'écho en France quand on parle d'honneur et de patrie, » disait le général Foy ; et, en m'adressant à vous, mes chers camarades, je suis certain d'être entendu, car ceux qui honorent les belles actions éprouvent le désir de les imiter et d'en perpétuer l'exemple.

Déposons notre offrande dans le casque de Bélisaire ; et prouvons que, lorsqu'il s'agit de récompenser l'honneur militaire et le courage civique, la garde nationale de Paris se trouve toujours au premier rang.

Agréez d'avance, mes chers camarades, l'expression de ma reconnaissance et de mon entier dévouement.

GARON,
Capitaine de la compagnie de voltigeurs, 10e légion, 1er bataillon.

Paris, le 20 février 1834.

La souscription recueillie par M. Garon s'élève à 118 fr.

Mes chers camarades,

Nous avons tous admiré le caractère du général Daumesnil, et nos cœurs ont battu au récit de ses nobles actions.

Brave sur le champ de bataille, il sut réunir au courage militaire le courage civique, lorsqu'à une époque fatale il repoussa avec horreur l'or que l'étranger fit briller à ses yeux. Sa devise fut : Honneur et patrie. Vincennes resta vierge à la France.

Honneur et gloire au brave Daumesnil! En 1830 nous l'avons vu défendre avec la même énergie d'ame les prisonniers confiés à sa garde; il conserva leur vie par la force et l'ascendant d'un noble caractère qui imposa à la multitude égarée. Vincennes fut de nouveau sauvé.

Vincennes suffirait seul pour immortaliser son nom!

Qui, plus que Daumesnil, mérite la reconnaissance publique?... Qui peut mieux l'honorer que la garde nationale? L'occasion est plus belle que jamais d'appliquer ici les belles paroles du général Foy : Il y a de l'écho en France quand on parle d'honneur, de gloire et de patrie!...

J'ai pensé, mes chers camarades, qu'en ouvrant une souscription en faveur de ses enfans, c'était vous donner les moyens d'exprimer vos sympathies pour la mémoire d'un brave dont le nom est devenu populaire sous celui de *la Jambe-de-Bois.*

Recevez, etc.

LE TELLIER DE LA FOSSE,

Sous-lieutenant de la 1re compagnie de chasseurs,
2e légion, 2e bataillon.

La souscription recueillie par M. Le Tellier de La Fosse s'élève à 227 fr.

Dans l'impossibilité où nous sommes de publier toutes les souscriptions recueillies par MM. les officiers de la garde nationale, nous citerons principalement celles qui ont été versées par

La 2e compagnie du 2e bataillon.... 2e légion;
MM. Richard, chef de bataillon...... 3e légion;
Brichard, capitaine,.......... 4e légion;
Thierry et Jeannet; chefs de batail.,
Raymondis et Maria, capitaines.. 7e légion;

Voisin et Testu, capitaines,..... 10ᵉ légion;
Par la 1ʳᵉ compagnie de chasseurs
de la banlieue.................. 1ʳᵉ légion;

Par la garde nationale des Andelys (Eure);

Par M. Lesne, colonel de la garde nationale de Briey (Moselle);

Par M. Gervais, chef de bataillon à Nangis (Seine et Marne).

Ce fut le 27 janvier 1834 que la chambre, contre l'attente générale, rejeta, pour la seconde fois, la pension demandée en faveur de madame la baronne Daumesnil; mais à côté de ce vote négatif se trouve une éloquente protestation que nous aimons à enregistrer ici.

OPINION
DE M. GAUGUIER, DÉPUTÉ DES VOSGES,
SUR LA PENSION
DE LA VEUVE DU GÉNÉRAL DAUMESNIL.

Messieurs,

Député de l'un des départemens de la France qui a le plus fourni de soldats au pays; où le patriotisme s'est toujours pratiqué d'une manière remarquable, lorsque la nation a réclamé des sacrifices extraordinaires d'hommes et d'argent pour défendre le sol, la gloire et l'honneur de la patrie ;

Soldat de l'ancienne armée, votre collègue, et animé des sentimens de tous mes concitoyens, je ne puis garder plus long-temps le silence sur la pension nationale que le ministre de la guerre vous a demandée pour la veuve du général Daumesnil.

Il est de mon devoir de vous prier de me permettre d'ajouter quelques considérations aux faits persuasifs que M. le maréchal et notre président vous ont fait valoir, pour vous démontrer que jamais la patrie n'a eu à payer de services plus dignes d'elle.

Aucun membre de cette chambre ne désire plus vivement que moi de fortes réductions dans les dépenses de l'État; mais je ne suis pas du nombre de ceux qui marchandent les services rendus à la patrie, surtout lorsque leurs auteurs n'existent plus.

On vous l'a dit, Messieurs, le général Daumesnil, en mourant, laisse sa veuve et ses trois enfans riches de gloire militaire et civile, mais c'est la seule fortune qu'il leur lègue. Dans cette situation honorable et pénible, les admirateurs de cet illustre guerrier voulaient imiter ceux du général Foy, en provoquant une souscription qui eût été bientôt remplie ; car, comme le disait ce célèbre orateur, *il y a de l'écho en France quand on parle d'honneur.*

Aujourd'hui que la nation a recouvré son entière

indépendance, il lui appartient d'honorer et de récompenser les services de ses grands citoyens.

Interrogez les champs de bataille d'Italie, d'Égypte, d'Espagne et d'Allemagne, parcourus pendant vingt ans par nos armées triomphantes, ils vous diront que le général Daumesnil fut toujours distingué parmi les plus braves.

Si la restauration a prodigué le présent et l'avenir de la fortune publique pour payer des services antinationaux, ce que vous avez confirmé en grande partie, refuserez-vous d'acquitter une véritable dette de la patrie?

Si le général Daumesnil eût été parjure et cupide, comme tant d'autres, sa veuve n'aurait rien à vous demander; mais il a su prouver à l'étranger que l'honneur français était encore assez puissant et assez pur pour l'obliger à respecter nos malheurs de 1814 et 1815.

Voulez-vous faire disparaître de nos mœurs la corruption des ambitions illégitimes et la dépravation des consciences; empressez-vous, Messieurs, de saisir les belles et rares occasions d'honorer les grands citoyens.

Daumesnil, ce nouveau Bayard, contemple en ce moment, du séjour de l'immortalité, cette assemblée qui, il y a huit mois, lorsqu'il respirait encore, lui conserva par acclamation le commandement du fort de Vincennes.

Vos sentimens, Messieurs, ne peuvent être changés, et je me plais à espérer que vous ne soumettrez pas de nouveau aux lentes formalités d'une commission, l'examen d'une si belle vie, gravée dans tous les cœurs patriotes, et qui ne peut être ignorée des représentans du pays; je ne doute pas que, séance tenante, vous ne mettiez fin aux cruelles inquiétudes de la veuve et des trois enfans de ce brave des braves, par une marque éclatante, digne de cette assemblée : soyons certains qu'un semblable sacrifice figurera toujours avec un immense avantage dans un budget national.

Dans l'impossibilité de reproduire les nombreuses adhésions dues à la presse de Paris et des départemens, nous nous bornerons à des extraits succincts, mais qui attesteront l'esprit patriotique qui les a dictées.

(*Courrier Français.*)

« Quelques boules noires sont trop légères pour écraser les droits du général Daumesnil à toute récompense nationale (puisque, dans un pays puissant comme la France, on nomme ainsi une pension de 1,500 fr.), et sa veuve la trouvera, cette *récompense*, dans la pénible sensation produite dans toutes les classes de la société par la décision de la chambre. Qui ne sait que le général Daumesnil s'est trouvé à Vincennes dans une position extrêmement délicate, exceptionnelle, unique peut-être ? Commandant une place à lui confiée par un gouvernement qui s'écroule, il ne s'agit plus seulement de ce courage à toute épreuve qui le distinguait sur le champ de bataille ; il faut se tracer une ligne de conduite vis-à-vis un nouveau gouvernement que dominent les étrangers, et qui lui ordonne de leur rendre la place. Il pouvait le faire sans déshonneur ; car l'obéissance est le premier devoir militaire ; mais ici le guerrier s'efface, et le citoyen apparaît tout entier. Il juge que les immenses munitions, les projectiles de toute nature renfermés dans Vincennes doivent rester à la France ; il mourra, s'il le faut ; il sautera avec les débris d'une place qu'il sait bien ne pouvoir opposer une longue résistance ; s'il survit, il s'attirera la haine d'un parti qui ne fait qu'un avec l'étranger (et Dieu sait si elle lui a été acquise, et avec quelle noblesse il en a bu le calice)! Mais il ne se rendra pas... L'événement a prouvé s'il avait bien jugé. Le pays a hérité des fruits de son courage et de sa force d'ame ; tout a été dignement résolu par lui, et la question d'honneur et la question de chiffres, puisqu'il faut toujours en revenir à des chiffres ; et c'est à la veuve de celui qui a atteint de pareils résultats qu'on marchande, pour la lui refuser, une récompense nationale de 1,500 francs? Espérons que le pays tiendra à ne pas paraître solidaire du vote de la chambre : la souscription ouverte l'année dernière a marché lentement ; mais elle s'est propagée dans les départemens ; le peuple reconnaissant n'a pas cessé de s'en occuper. Encore un effort, et la veuve et les enfans de Daumesnil devront à l'estime de leurs concitoyens une récompense plus flatteuse et un avenir plus assuré que ceux que leur a refusés la chambre des députés. »

(Journal *le Temps*.)

« Que faut-il donc faire pour mériter la reconnaissance de la patrie? s'est écriée la veuve du général Daumesnil en apprenant le dernier vote de la chambre. Ce cri est celui qui nous échappe : cette protestation contre un vote inexplicable est celle que nous signons avec des milliers de nos concitoyens. Mais ce n'est pas de la chambre que nous voulons parler ; ce n'est pas cette décision que nous voulons commenter : décision dont la chambre s'est étonnée elle-même, et contre laquelle nous appelons chaque député à venir protester individuellement jusqu'à ce qu'elle n'appartienne plus à personne. Ce que nous voulons dire, c'est que cette question, en cessant d'être parlementaire, n'a pas cessé d'être nationale. La France, nous le proclamons en son nom, reprend le projet de loi. C'est elle qui se charge de la tutelle de ces enfans qu'elle ne pourrait oublier sans ingratitude, sans compromettre son avenir; car de semblables exemples légitimeraient l'égoïsme, dessécheraient le dévouement à sa source. De semblables économies (on a appelé cela de ce nom) seraient de véritables prodigalités aux dépens de l'avenir, un gaspillage de ces trésors de dévouement que les nations doivent amasser avec prévoyance, trésors que la France a jusqu'ici trouvés inépuisables.

« Ce n'est donc plus aux chambres que nous nous adressons : c'est à la nation même, c'est aux compagnons de Daumesnil, à ces restes glorieux d'une armée dont il fut lui-même un si glorieux débris.

« Qui ne sait cette biographie si pleine, si variée, cette légende populaire de *la Jambe-de-Bois*, de ce jeune *grognard* devenu général après avoir sauvé deux fois la vie à l'empereur ? Nous savons tous qu'arrêté dans sa carrière par un boulet de Wagram, il se retrouva à Vincennes le dernier Français à protester contre l'invasion ; qu'il fit de cette bicoque un sanctuaire impénétrable à l'étranger, une arche de nationalité ; qu'il en fit comme le cœur de la France, où le sang reflua de toutes les extrémités ; et qu'à l'abri de sa large main, on y sentait encore d'héroïques palpitations quand le reste était déchiré et pollué comme un cadavre sur la claie.

« On ne saurait trop admirer cette force d'ame qui lui fit tout à la fois si bien connaître et si bien faire son devoir. Qu'on se reporte vers ces temps où tant de fidélités, mieux dotées que la sienne, chancelaient, transigeaient en secret ou se prostituaient avec éclat, et qu'on se figure Daumesnil, presque seul, enfermé dans Vincennes, dont le meilleur rempart était la poitrine de ce brave, sachant bien qu'une capitulation serait regardée comme une nécessité que personne ne lui imputerait à faute. Eh bien ! Daumesnil, impassible au milieu de ce découragement général, sonna le dernier la charge. Le pont-levis de Vincennes s'abaissa trois fois, non pour laisser passer les monceaux d'or que lui offrait Blucher, mais une poignée d'invalides et leur chef, qui, monté sur un cheval de brasseur (les siens étaient hors de combat), chargeait les Prussiens, et ramenait pour trophées des canons pris à l'ennemi, canons dont on devrait couler un monument à son honneur.

. . . .

« Et c'est là le brave dont les enfans connaîtraient le besoin !.... C'est là l'intrépide, l'incorruptible capitaine dont la veuve pleurerait la perte, avec l'ingratitude de la nation pour surcroît de douleur, avec l'oubli de la patrie pour comble d'infortune ! Non, certes, nous nous en portons garans ! Cette souscription, ouverte l'année dernière à Vincennes, et que l'espérance de voir réparer, par la chambre de 1834, l'erreur de 1833, avait arrêtée à un chiffre si modeste, va devenir une affaire nationale.

« Les enfans de Daumesnil sont donc les enfans de la France. Ses filles, si gracieuses, recevront avec orgueil le *chapel de roses* que la France voudra poser sur leurs têtes blondes : inégal retour, faible prix de ces lauriers dont leur père orna le front de la patrie. Pour son fils, pour le fils du brave, il a déjà trouvé place à l'école militaire. Il acceptera, dans sa naïve reconnaissance, ce souvenir de la patrie, comme un devoir futur pour lui-même; un jour il saisira la lourde épée du gouverneur de Vincennes; se rappelant toute sa vie cette double paternité, et aussi cette double piété filiale, il s'imposera le double devoir d'agir comme le fils de Daumesnil et comme l'enfant adoptif de la France. »

(*Constitutionnel.*)

« La chambre des députés n'a point voulu porter à trois mille francs la pension de la veuve du général Daumesnil; tous les bons citoyens doivent s'affliger de cette décision plus que sévère; mais puisqu'elle est prise pour la seconde fois, il ne reste plus qu'à invoquer la générosité nationale en faveur de la compagne et des enfans du brave. Peut-être suffira-t-il d'exposer de nouveau quelques détails de sa vie militaire, quelque connue qu'elle soit, pour que les Français s'empressent de compléter la souscription ouverte pour un si digne objet.

. . . .

« Voilà ce que fut Daumesnil! Paierons-nous d'ingratitude les services de celui qui nous a légué ses enfans à doter ? Non, sans doute. Et puisqu'une malheureuse erreur s'est opposée à ce qu'on décernât une pension à la veuve de ce brave, c'est aux pairs et aux députés, pris individuellement, aux ministres, aux fonctionnaires, aux citoyens et surtout aux militaires, à montrer que la France sait honorer les vertus et récompenser les grands dévouemens.

« Le général Daumesnil ne laisse après lui que son nom, le sabre d'or que Bonaparte lui avait donné au siége de St-Jean-d'Acre, et l'épée d'or que la commune de Vincennes lui avait décernée comme une marque d'honneur. »

L'article suivant est dû à la plume de M. Emile Deschamps. Ce jeune auteur, en adressant cette solennelle leçon à la postérité et à la jeunesse française, a noblement compris la vie de Daumesnil. Puisse-t-elle, cette jeunesse française, n'étudier que de semblables exemples et les retrouver retracés avec autant de sensibilité et d'éloquence !

(Journal des Enfans.)

« Il y avait autrefois, du temps de l'empire, en 1812 (autrefois pour vous, mes enfans, car nous sommes des vieux, n'est-ce pas, nous qui avons vu l'empereur ? qui m'aurait dit que ces grands jours, si près de nous, seraient si vite le passé ! cela fait peur. C'est que tant de merveilles, tant de catastrophes, tant de révolutions, tant de morts se sont pressées les unes sur les autres, que ce siècle, à peine à sa trente-troisième année, est comme un vieillard qui a ses cent ans bien comptés); autrefois donc, en 1812, il y avait au château de Vincennes un gouverneur à l'œil vif, au teint coloré, à la parole prompte et vibrante sous sa jolie moustache noire, charmant de figure et de tournure, tout jeune encore, un vrai colonel de hussards, n'ayant rien du commandant de place... que la jambe de bois. C'était le général Daumesnil. Vous savez, ce brave général qui, avec une poignée de braves, presque tous jambes de bois comme lui, défendit miraculeusement cette *bicoque* (en langage militaire) contre les armées alliées, et sauva tous les canons de la France qui s'y étaient réfugiés ? Oui, vous savez cela, mes enfans ; et le peuple aussi le sait, lui l'éternel enfant ! Voyez-vous, ce sont les vraies gloires celles qui sont connues du peuple et de vous, celles qui ne sont pas confinées dans le cercle des savans qui connaissent tout. Ces gloires populaires se perpétuent avec les générations, qui renaissent toujours ; avec les nations, qui ne meurent jamais. Heureux les noms qui vivront conservés dans les archives de la mémoire publique ! tous les cœurs battent la mesure de leur chant d'immortalité.

« Les brillans soldats de la république et de l'empire, et il en reste encore, surtout aux *Invalides*, vous raconteront que Daumesnil, dans la bataille, était intrépide et fort comme un lion; d'autres vous apprendront que, dans ses nobles résolutions, il avait une volonté ferme et inébranlable comme un roc: moi, qui ai vu ce lion *au repos*, je vous dirai qu'il était simple, généreux et confiant.. comme un enfant; je ne peux pas mieux vous dire. Daumesnil, ainsi que la plupart des hommes doués d'une supériorité quelconque, était souvent enfant, tout-à-fait enfant, jouant et riant... Pourquoi? parce qu'il avait un sang qui circulait bien et une ame libre de reproche et de peur. La gaité, la gaité naturelle, est un symptôme de vertu, ou, du moins, elle repousse des caractères où elle domine la contagion de certains vices, et des plus vilains; comme ces banderoles éclatantes, joyeux épouvantails qui protégent les fruits de nos arbres contre la voracité des méchans oiseaux. Mes petits amis, soyez toujours gais comme à présent; gais d'esprit, j'entends; car votre cœur, oh! votre pauvre cœur pleurera et saignera plus d'une fois, si vous devenez hommes; et vous le deviendrez, si vous honorez votre père et votre mère. En attendant, je me souviens d'avoir vu le général, en 1814, sautant les fossés, montant les échelles, courant sur les parapets des remparts si légèrement, que nous le suivions comme la *galiote* suivrait le bateau à vapeur, nous qui avions toutes nos jambes, et nos jambes de quinze ans! Et, quoique Russes et Prussiens nous enveloppassent comme une large ceinture étroitement serrée, personne, dans la place ni dans le village, ne songeait à les voir arriver (c'était bon pour Paris) ; car l'empereur, en partant pour sa dernière guerre, avait dit : « J'ai besoin dans Vincennes d'un homme sur qui je « puisse compter ; j'ai pensé à vous, Daumesnil. » Et Daumesnil répétait souvent ce badinage héroïque : *Je leur rendrai Vincennes quand ils me rendront ma jambe.*

« Hélas ! ces canons, ces remparts, cette forteresse, qu'il préserva deux fois du fléau de l'invasion, n'ont pu le préserver lui-même d'un autre fléau qu'un vent du Nord a poussé sur nous. Le choléra russe et prussien a forcé le château et s'est abattu sur le gouverneur : c'est ainsi que les alliés devaient entrer dans Vincennes ! et voilà trois enfans qui n'ont plus de père ! Un jour, le soleil s'est levé brûlant et splendide, et leur père était là, couché, froid et pâle. Ils ont pris ses mains, ils ont appelé : Mon père ! et ses mains sont retombées lourdement, et ses lèvres n'ont pas remué. Alors ils se sont jetés à genoux avec leur mère, et ils ont prié Dieu sans lui rien demander ; et puis ils ont beaucoup pleuré parce qu'ils ne pouvaient plus prier, jusqu'à ce qu'on vint les enlever comme le mort. — O mes amis ! que Dieu vous fasse la grace de ne rappeler votre père que bien tard, bien tard, quand vous serez tout grands et pères vous-mêmes. C'est affreux, pour de pauvres enfans, de ne plus se sentir protégés par ce protecteur si fort et si doux ; de ne plus l'embrasser le matin et le soir, et bien des fois durant le jour , de ne plus le suivre , à pas inégaux, dans les longues promenades ; de voir un couvert qui manque à tous les repas ; de ne plus être caressés gravement et de ne plus ouïr cette voix qui grondait avec tendresse. Oh ! c'est affreux, ce moment qui représente toute une éternité, quand pour la première fois on ne vous dit plus *Emile* ou *Léon*, mais monsieur Deschamps ou monsieur Daumesnil ! Le nom paternel est un poids qui vous écrase, depuis que vous êtes seul à le porter. Etre encore enfans et n'être plus fils !.... L'Océan s'enfle et mugit, tous les écueils lèvent leurs têtes sombres, et le frêle esquif est emporté sans pilote !

« A voir de loin ce beau cheval de bataille qui sortait de la citadelle, entouré de drapeaux, et ces longues files de soldats de toutes les armes, et tous ces canons roulant avec fracas sur les ponts de fer et sur les pavés sonores, murmure continuel et monotone à travers lequel perçaient, de moment en moment, les chants aigus des fanfares, on eût dit une armée qui va chercher son général sous la tente pour qu'il la conduise à quelque nouvelle victoire.... Non, c'est elle qui le conduisait à son dernier triomphe, à cette conquête de l'éternelle paix qu'il n'avait pas méritée si tôt ! Approchons : regardez cet enfant la tête nue et penchée, et les épaules couvertes du large manteau noir au milieu de tous ces plumets rouges et de ces brillans uniformes !.. jeune cœur qui rêvait hier encore de quelque parade qu'il défilait devant son père, au retour d'une guerre lointaine où il aurait eu le bonheur d'être blessé ! — Mais il n'y a de vrai que les paroles d'un prêtre sur une bière.

« Voilà pourtant deux ans à peine que des bateliers, remontant le fleuve jusqu'à ces tilleuls qui couvrirent la précoce et longue retraite de Daumesnil, s'étaient écriés, par un beau soir d'été, sous la terrasse blanchie par la lune : « A Vincennes ; à Vincennes, général ! vive le général Daumesnil ! » Ils ne savaient pas que c'était à son tombeau qu'ils le ramenaient ainsi ! Une garnison et une population enthousiastes l'y reçurent pour la troisième fois. Deux fois, après deux révolutions, M. de Puyvert l'avait remplacé dans le commandement de Vincennes, deux fois, après deux autres révolutions, il y remplaça M. de Puyvert. Et maintenant, les deux ennemis, que les immenses remparts du château ne pouvaient contenir ensemble, sont là, côte à côte, dans douze pieds carrés d'un cimetière de village. Comme leur éternité sera peu semblable à leur vie ! Dieu l'a voulu, pour nous montrer le néant des haines politiques et nous enseigner à nous tendre tous des mains fraternelles sur cette terre, comme ces deux gouverneurs qui s'embrassent dans la mort.

« Les canons et les tambours, par leurs salves et leurs roulemens retentissans, ont dit adieu au général endormi.... d'un sommeil bien profond, puisqu'il ne s'est pas réveillé à ces bruits de guerre. Des voix s'élèvent, ce sont encore des adieux.

« Ecoutez avec nous, jeune et malheureux fils, et qu'un peu de consolation vous arrive de toutes nos admirations.

« Daumesnil sauva plus de cent millions à sa patrie, n'emportant lui-même, pour toute fortune, dans sa retraite de quinze années, que son sabre d'honneur reçu en Egypte, et une épée d'or que la reconnaissance des habitans de Vincennes lui décerna. Pendant quinze années, il souffrit sans se plaindre, ignorant l'envie dans le malheur, comme l'orgueil dans la prospérité; puis, quand une tardive justice l'eut ramené enfin à son poste de gloire, voilà que le fléau du Gange et de la Néva l'en précipite pour jamais! Magnanime jouet, tantôt des hommes, tantôt du sort, sommeille en paix dans la terre que tu as sauvée! ton ame est au ciel, ton nom est à l'histoire, tes enfans sont à la France!

« La France vient de les adopter, mes petits amis; une souscription nationale a été ouverte à Vincennes pour les enfans du brave qui ne leur a laissé que sa renommée; et moi, qui, tout jeune que j'étais, voulus placer mon nom en tête de la liste pour l'épée d'or, je vous demande les vôtres aujourd'hui. Ils ne se feront pas long-temps attendre; car vous ne voulez point, n'est-ce pas, que le nom de Daumesnil soit obscurément porté. La race du noble coursier ne sera pas assujétie à de vulgaires travaux; non, vous ne le voulez point : à votre âge on est si bon!

« C'est à tous les enfans heureux à prêter aide et secours aux pauvres enfans qui n'ont plus de père. Prenez, sur l'argent de vos menus plaisirs, de quoi vous acheter un grand bonheur, car il n'est pas de plus grand bonheur que celui qu'on fait; baisez bien vos parens pour qu'ils souscrivent : et allez d'hôtel en hôtel, de château en château, de chaumière en chaumière : qui refuserait à des enfans priant pour des enfans ? Frappez à toutes les portes, rouges ou blanches, et elles s'ouvriront; car Daumesnil n'était pas l'homme d'un parti, mais de la patrie; car sa seule politique était l'amour de la France et l'enthousiasme de la victoire; car il a défendu la vie des ministres de Charles X comme il défendit les canons de l'empereur. Et puis, voyez-vous, les hommes marqués du sceau de l'héroïsme ou du génie ont toujours une vie tourmentée; ils sont mal à l'aise en ce monde : c'est dans leur génération qu'il faut les récompenser. Quelle gloire pour vous, que d'honorer ainsi la gloire! Tenez, à chaque souscription que vous obtiendrez, c'est comme si vous remportiez un prix; vous verrez : et cela jettera comme une bénédiction sur toute votre vie. Il y a, mes enfans, vous ne le savez pas j'espère, il y a des envieux et des égoïstes : les uns s'occupent à rapetisser les grands hommes et les grandes actions; les autres n'aiment rien, ils s'aiment eux-mêmes : leur voix aigre ou glacée cherche à tout dénaturer, à paralyser tous les bons mouvemens ; que votre petite voix les fasse taire avec l'autorité de l'innocence.

. . . .

« Bien, mes enfans! votre moisson s'amoncelle; courage! le général a tressailli sous la terre humide; et si quelque jour l'Europe coalisée arrivait encore jusqu'à nous, l'ombre du gouverneur, consolée par vous, ferait la garde autour de son cher Vincennes, enseignant à son fils comment on paie la dette du patriotisme et de la reconnaissance.

« Bien, mes enfans! » redit une voix dans les airs. — C'est peut-être l'empereur, remonté sur sa colonne, qui jette un vaste regard sur son empire, et dont les entrailles de bronze se sont émues, parce qu'il vous voit tous saintement occupés de son héroïque lieutenant, de son fidèle Daumesnil!... »

Emile DESCHAMPS.

(*Journal de l'Yonne.*)

« La France ne refuse pas une dette d'honneur à la veuve et aux enfans de ce Daumesnil qui la dota du plus bel exemple de bravoure et de désintéressement; il est encore un moyen de l'acquitter : qu'on achète la jambe de bois de Vincennes, pour la placer aux Invalides ; jamais plus beau trophée n'en aura décoré le dôme. »

LE GÉNÉRAL DAUMESNIL,

PAR M. PH. C.

« Dans un temps où les réputations passent si vite, où les gloires et les fantômes de gloire disparaissent en se pressant comme les vagues au sein de la mer ; dans un temps où il y a si peu de grandes actions qui soient sans alliage, si peu de vraies et grandes vertus ; laissez-moi, mes amis, vous entretenir d'une véritable et réelle grandeur, arrêter vos yeux sur une vertu haute, simple, naïve, tout d'une pièce ; sur un caractère qui n'a rien de moderne, et qui contraste avec la civilisation recherchée qui nous environne. Je veux parler du général Daumesnil : on s'est beaucoup occupé de lui dans ces derniers temps, son nom glorieux a volé de bouche en bouche ; il a reçu l'apothéose de cette popularité universelle qui fait la véritable gloire.

« Le soldat et l'artisan, le bourgeois et l'artiste connaissent Daumesnil : eh bien ! il me semble que ce portrait n'a pas été tracé avec une complète exactitude. Il me semble que j'aperçois quelque chose de mieux et de plus caractéristique. Daumesnil appartient à l'histoire : qu'il me soit permis de donner à l'histoire quelques détails nouveaux sur l'un des acteurs les plus intéressans du grand drame qui s'est déroulé depuis le commencement du siècle.

« Je ne sais s'il y a un modèle plus pur, plus vraiment français que ce bon général Daumesnil, un type plus sublime et plus récent du caractère national. Les biographies parlent-elles de lui? Je l'ignore. Il fuyait la gloire écrite autant qu'il aimait la vraie gloire. Il était héros sans le vouloir, héros sans y penser, comme il parlait, comme il vivait, par un instinct ingénu. Toujours la même ame, toujours la même vie semée d'étincelles d'héroïsme jaillissant du même foyer. . . .

(*Ici nous supprimons les faits qui se trouvent retracés dans la notice biographique que nous avons donnée.*)

« La chambre des députés a cru remplir son devoir en refusant à la veuve du général Daumesnil de porter sa pension de 1,500 à 3,000 fr. ; le pays accomplit le sien en prenant sous sa protection la veuve et les enfans du brave. N'accusons pas trop amèrement la chambre ; nous savons quelle influence exercent trop souvent sur les assemblées la lassitude de la discussion, une longue série de questions, l'ennui quelquefois, quelquefois le hasard. Les intentions individuelles de chaque membre peuvent être excellentes, conformes à la raison; la sentence rendue par l'aréopage peut choquer toute raison. Ici la subdivision en quatre votes d'une question homogène, le zèle de l'économie (zèle louable et qui peut devenir non seulement nuisible, mais ruineux), ne justifient peut-être pas, mais expliquent du moins la rigueur singulière que la chambre a déployée.

« Et dans quelle circonstance? Lorsqu'il s'agissait non d'une récompense gratuite à décerner, mais d'une obligation à remplir! On a présenté la pension de la veuve Daumesnil comme une générosité publique, comme un secours, presque comme une aumône. Une aumône!... Non; c'est une dette. Si Daumesnil n'avait fait qu'exposer sa vie, la patrie pourrait lui dire : « Je ne vous dois rien, vous étiez soldat et brave. » Mais le peuple sait que le devoir de soldat n'est pas le seul que Daumesnil ait rempli. Consultez là-dessus le sentiment national, la voix populaire, le cri de l'armée, la pensée de tous; tout le monde vous dira que son héroïsme n'a pas été seulement l'héroïsme du champ de bataille, mais un héroïsme *conservateur*, une fermeté d'ame qui, en protégeant notre gloire, a sauvé nos trésors; non pas seulement une grandeur brillante, mais une grandeur utile, à laquelle nous devons plus de CENT MILLIONS DE MATÉRIEL militaire. Une dette de CENT MILLIONS! n'est ce rien? Et qui paiera cette dette si ce n'est nous, nous tous; vous qui gouvernez, vous qui ne prétendez pas qu'une folle parcimonie appauvrisse le pays de ses beaux dévouemens! Ne pas payer cette dette immense et sacrée, c'est être banqueroutier envers la vertu publique.

« Si nous étouffons l'émotion dont il est impossible de nous défendre; si nous ne voulons écouter que le devoir; si nous rentrons les larmes que fait jaillir de nos yeux toute cette belle vie du guerrier mort pauvre; si nous nous enfermons dans le cercle des obligations étroites, des devoirs positifs, nous dirons : « *Il est le* « *créancier de la France, son créancier pour plus de* « *cent millions. C'est grace à lui que votre forteresse* « *existe, que vos vieux canons n'ont point roulé sur la* « *route de Vienne. Payez cette dette aux enfans du dé-* « *fenseur de Vincennes : en établissant le chiffre de la* « *pension la plus élevée, la dette morale subsistera en-* « *core tout entière.* »

(*M. Ph. C. termine par cet énergique appel :*)

« La France est toujours la France, et notre voix sera entendue. Non, le sentiment de l'héroïsme ne commence pas à s'éteindre parmi nous ; non, des primes ne seront pas accordées à la faiblesse de l'ame! Avons-nous trop de vertus civiques, et irons-nous, par un oubli coupable ou une demi-justice mesquine, aggraver cette mollesse et cette négligence de la vertu qui creusent le tombeau des peuples? Non, non, la France n'arrivera pas à cette situation du Bas-Empire, où il n'y avait plus d'estime pour rien, où le bien et le mal se confondaient dans la même apathie, où la société était une mer morte que le souffle d'aucun sentiment généreux n'agitait.

« C'est aux ministres du roi, aux pairs de France, aux députés individuellement, à apprendre à l'avenir et à l'étranger que notre patrie n'est pas dédaigneuse de toutes ses gloires et de toutes ses vertus. »

Il nous reste un devoir à remplir : c'est de remercier messieurs les propriétaires des journaux *le Temps* et *des Débats*, dont les colonnes nous ont toujours été ouvertes si libéralement, et messieurs les rédacteurs du *Constitutionnel*, du *Courrier Français* et du *National*, qui nous ont aussi prêté leur appui.

La presse des départemens nous a également secondés avec zèle : nous ne saurions oublier sans ingratitude *l'Écho de Vesoune*, journal de Périgueux ; *l'Argus Soissonnais*, *le Mercure Ségusien*, de Saint-Étienne ; *le Patriote de la Meurthe*, à Nancy ; et le *Journal de l'Yonne*, à Auxerre.

Aussitôt que la souscription sera close, nous donnerons une liste générale et complète des souscripteurs, d'après les documens que les enfans de Daumesnil auront recueillis, et qu'ils conserveront toujours comme les plus honorables des titres pour la mémoire de leur père et pour eux.

En attendant, nous nous empressons de donner la situation exacte de la souscription au 23 juin 1834, afin de détromper ceux qui, en jugeant par le nombre des souscripteurs, ont pu croire qu'elle s'élevait à une somme considérable. Le chiffre de 57,126 fr. 52 c. suffira pour montrer à la France ce qui lui reste à faire.

SITUATION
DE LA SOUSCRIPTION
AU 23 JUIN 1834.

DÉPARTEMENS.	MONTANT des SOUSCRIPTIONS.	
	fr.	c.
Ain.	196	75
Aisne.	1,090	45
Allier.	198	75
Alpes (Basses).	192	65
Alpes (Hautes).	186	25
Ardennes.	721	80
Ariége.	446	65
Aube.	39	55
Aude.	2,001	40
Aveyron.	105	25
Bouches-du-Rhône.	1,095	35
Calvados.	614	50
Cantal.	225	»
Charente.	217	»
Charente-Inférieure.	250	35
Cher.	77	»
Corrèze.	74	50
TOTAL.	7,713	20

DÉPARTEMENS.	MONTANT des SOUSCRIPTIONS.	
	fr.	c.
Report. . .	7,713	20
Côte-d'Or.	474	30
Côtes-du-Nord.	333	50
Creuse.	436	50
Dordogne.	1,834	40
Doubs.	88	»
Drôme.	25	»
Eure.	1,622	60
Eure-et-Loir.	212	»
Finistère.	230	»
Gard.	90	25
Gironde.	537	10
Hérault.	100	»
Ille-et-Vilaine.	500	55
Indre-et-Loire.	60	50
Isère.	638	»
Jura.	101	42
Landes.	171	50
Loir-et-Cher.	253	»
Loire.	201	»
Loire-Inférieure.	393	25
Loiret.	902	25
Lot	190	85
Lot-et-Garonne.	146	»
Lozère.	37	»
Maine-et-Loire.	303	44
TOTAL. . .	17,601	61

DÉPARTEMENS.	MONTANT des SOUSCRIPTIONS.	
	fr.	c.
Report. . .	17,601	61
Manche.	769	75
Marne.	879	60
Marne (Haute)	719	»
Mayenne.	370	25
Meurthe.	299	10
Meuse.	583	30
Morbihan.	805	80
Moselle.	460	50
Nièvre.	1,376	40
Nord.	496	75
Oise.	295	30
Orne.	823	76
Pas-de-Calais.	676	90
Puy-de-Dôme.	1,114	»
Pyrénées (Basses).	906	35
Pyrénées (Hautes).	60	»
Pyrénées-Orientales.	537	»
Rhin (Bas).	942	05
Rhin (Haut).	791	»
Rhône.	230	»
Saône (Haute).	57	50
Saône-et-Loire.	513	25
Sarthe.	128	»
Seine.	19,347	65
Seine-Inférieure.	1,665	50
TOTAL. . .	52,450	32

DÉPARTEMENS.	MONTANT des SOUSCRIPTIONS.	
	fr.	c.
Report. . .	52,450	52
Seine-et-Marne.	430	50
Seine-et-Oise.	668	40
Sèvres (Deux).	218	»
Somme.	363	50
Tarn.	565	35
Var.	505	40
Vaucluse.	437	75
Vendée.	246	25
Vienne.	449	»
Vienne (Haute).	130	25
Vosges.	361	85
Yonne.	599	95
TOTAL général de la Souscription au 23 juin 1834.	57,126	52

Paris, Imprimerie de Paul Dupont et Laguionie.

www.ingramcontent.com/pod-product-compliance
Ingram Content Group UK Ltd.
Pitfield, Milton Keynes, MK11 3LW, UK
UKHW021548260726
13993UKWH00002B/700